実践「教育相談」

個人と集団を伸ばす
最強の
クラス作り

渡部昌平　編著
柴田　健・田澤　実　共著

川島書店

は じ め に

　本書は大学における教職科目「教育相談」の講義（2単位：15コマを想定）のために書かれた教科書あるいは参考書・ワークブックです。教員免許更新講習その他の現役教員の研修でも使えるように意識して書かれています。講義の効果・効率を上げるために，教育現場で使いやすい各種のカウンセリング技法について解説し，参考文献も日本語のものを多めに掲載しているほか，アクティブ・ラーニング方式で受講者に議論してもらうためのグループディスカッションのテーマやグループワークについて触れています（実は全てのテーマについて議論し，グループワークをすると，とても15コマでは足りません。予習として事前に本書を読んでもらい，講義ではグループディスカッションを中心とする「反転学習」を行うのも効果的な取り組みと思います。本書を利用される教員・講師の皆様は，必要・重要と思われる部分をピックアップしてお使いください）。各種グループワークの終わりには，教員・講師からコメントやアドバイスを付け足していただければ，と考えています。

　教育相談・進路指導・生徒指導に限らず，教員にとって児童・生徒との信頼関係（ラポール）づくりは重要です。ややもすれば建前的な関係になりがちで，児童・生徒の本音が見えにくい教員の側からは，本音にせよ建前にせよ，理想や正義，道徳，児童・生徒としてあるべき姿など「きれいごと」を語っても児童・生徒に聞いてもらえないことは少なくありません。大切なときに大切な言葉を受け止めてもらうためにも，普段から自らの立場・責任や本音を語り，児童・生徒から日々一定の信頼を得ておくことが重要です。また児童・生徒の「本音を引き出す」質問力あるいは本音が顕れる一瞬を見逃さない観察力も必要です。

　教員と児童・生徒との関係は，馴れ合いではありませんし，上下関係でもありません。児童・生徒に好かれることは第一義ではありません。責任ある大人として，教員として，言うべきことは言う，認めるべきことは認める，落ち込んでいる時は励まし，間違っている時は指摘し，頑張った時は評価する，日々

の営みそのものだと思います。教員が児童・生徒にとって「信頼できる大人」「責任ある大人」「誠実な大人」のロールモデルとなる必要があります。

知識や経験の少ない児童・生徒は，時に自信をなくし，悩み，孤立し，時には誤った道を進むかもしれません。またある時は自信を持ち，好奇心を持ち，愛情豊かにまわりと協力し，素晴らしい成果を出すこともあるかもしれません。そうした「安心して自らの才能が発揮できる環境」「皆で協力して，1人ではできないものを作り上げる環境」を学校（クラス）内に整えるのもまた，個々の教員の力量にかかっていると言えるかもしれません。

もちろんそれはクラス担任教員1人で成し遂げられるものではありません。学級や学校全体として，あるいは保護者と同盟を結び，また地域や関係者とも連携・協力してこそ成し遂げられるものでしょう。

本書の内容を参考とするだけでなく，先進的な取組や先輩・同僚との情報・意見交換などを通じて，よりよい教育相談の実践をしていただければと思います。また，ぜひ皆さんの素晴らしい教育相談実践について，論文や報告書あるいは口頭発表等としてご発表いただき，皆でそれを共有していくことができれば，と思っています。

それぞれの教員が「良い」「正しい」「面白い」と思ったことをまず実践していくことが重要だと考えています。本書についても，遠慮なくご批判・ご意見をお寄せください。

本書は平成31年度以降の教職科目に必要な「コアカリキュラム」にも対応しています。教職科目「教育相談」の教科書・参考書・ワークブックでお困りの教員・講師の方（あるいは教育相談実施計画でお困りの先生）は，ぜひ本書を参考に教育相談の計画・シラバスをご立案いただければ，と思います。

秋田県立大学　渡部　昌平

項目	到達目標＼授業回	1	2	3	4	5	6	7	8	9	10	11	12	13	14	15
(1)	1）学校における教育相談の意義と課題を理解している。	○					○				○		○	○		
	2）教育相談に関わる心理学の基礎的な理論・概念を理解している。		○	○	○	○								○		
(2)	1）幼児、児童及び生徒の不適応や問題行動の意味並びに幼児、児童及び生徒の発するシグナルに気づき把握する方法を理解している。	○			○	○			○	○						
	2）学校教育におけるカウンセリングマインドの必要性を理解している。		○					○				○	○	○		
	3）受容、傾聴、共感的理解等のカウンセリングの基礎的な姿勢や技法を理解している。		○		○											
(3)	1）職種や校務分掌に応じて、幼児、児童及び生徒並びに保護者に対する教育相談を行う際の目標の立て方や進め方を例示することができる。					○			○	○						○
	2）いじめ、不登校・不登園、虐待、非行等の課題に対する、幼児、児童及び生徒の発達段階や発達課題に応じた教育相談の進め方を理解している。			○		○			○	○	○					
	3）教育相談の計画の作成や必要な校内体制の整備など、組織的な取組みの必要性を理解している。														○	
	3）地域の医療・福祉・心理等の専門機関との連携の意義や必要性を理解している。										○					○

表　コアカリキュラム対応状況

目　次

はじめに ………………………………………………………………………… i

第1講　これからの教育相談 〜教育相談の意義と課題

1．教育相談はどうあるべきか ……………………………………………… 1

2．教育相談で使えるカウンセリング技法 ……………………………… 4

3．問題（リスク）を把握する …………………………………………… 5

4．児童・生徒個人／集団の現在位置を査定（アセスメント）する …… 6

5．教育相談の意義と課題 ………………………………………………… 7

コラム 「それ以外のカウンセリング」を学んではいけませんか？ ……… 9

第2講　教育相談の前に 〜カウンセリングマインド，受容・傾聴・共感的理解等の基礎的な姿勢や技法

1．普段から，大人の側から，本音で語る ……………………………… 11

2．人間の本質を認め，受け入れる ……………………………………… 12

3．本質を受け入れた上で，できること・やるべきことを考える ……… 14

4．カウンセリングマインド ……………………………………………… 15

　　　（受容・傾聴・共感的理解などの基礎的な姿勢や技法）

5．教員の立場の範囲で伝える …………………………………………… 16

6．守秘義務への対応 ……………………………………………………… 17

7．暖かい言葉の効果 〜暖かい言葉は循環する ……………………… 18

8．暖かい集団をつくる，個々の語りが受け入れられる集団をつくる … 18

9．教員1人で抱え込まない ……………………………………………… 19

　　　〜情けは人のためならず，支え合いは皆のため

コラム 好きな／嫌いな先生，信頼される先生とは？ ………………… 20

目　　次　　*v*

第3講　発達課題を意識する（児童期・思春期・青年期）

1．イントロダクション ……………………………………………… 23

2．児童期，青年期，成人期 ………………………………………… 23

3．思春期は何歳から何歳か？ ……………………………………… 24

4．発達段階 …………………………………………………………… 25

5．児童期から青年期にかけての発達 ……………………………… 26

6．発達課題 …………………………………………………………… 30

7．青年期のアイデンティティ ……………………………………… 31

第4講　未来志向・解決志向で問題に対処する
　　　　〜問題行動のシグナルとその意味・影響

1．話しやすい雰囲気を作る，受容・傾聴・共感的理解をする ……… 33

2．問題行動のシグナルと意味 ……………………………………… 34

3．原因志向から解決志向へ ………………………………………… 34

4．解決志向アプローチについて …………………………………… 35

5．解決志向アプローチの実際 ……………………………………… 38

6．その他の技法　〜ナラティブ・セラピーからの示唆 ………… 39

7．まとめ：効果と課題 ……………………………………………… 40

第5講　個別問題を学ぶ　〜不登校，ひきこもり，発達障害など

1．イントロダクション ……………………………………………… 43

2．不登校 ……………………………………………………………… 43

3．ひきこもり ………………………………………………………… 45

4．発達障害 …………………………………………………………… 49

第6講　集団生活に馴染む，ルールを維持する
〜維持したくなる集団とは

1．はじめに 〜児童・生徒が維持したくなる集団とは ……………… 53

2．温かい言葉は大切だが 〜集団を守るためには練習や厳しさも …… 54

3．好ましい人間関係を育てる ……………………………………… 55

4．成長を促す（あるいは成長を振り返る） ……………………… 55

5．ソーシャルスキルトレーニング ………………………………… 56

6．アサーショントレーニング ……………………………………… 59

7．アンガーマネジメント …………………………………………… 60

8．ストレスマネジメント教育 ……………………………………… 62

9．その他：ライフスキルトレーニング，ピア・サポート活動 ………… 63

コラム　グループで学ぶことの効果 ……………………………… 64

第7講　予防・開発教育とは

1．予防・開発教育とは ……………………………………………… 65

2．予防教育のために必要なアセスメントと日常の対応 ………… 66

3．自己理解を支援する ……………………………………………… 67

4．予防教育のその他の技法 ………………………………………… 72

5．予防教育から開発教育へ ………………………………………… 73

6．開発教育の理論と方法 …………………………………………… 74

コラム　自らを開発する児童・生徒になるために ……………… 76

第8講　いじめへの理解と現場での対応

1．はじめに ……………………………………………………………… 77

2．いじめの定義 ……………………………………………………… 77

3．統計調査から見えるいじめ ……………………………………… 78

4．いじめに関する理論 ……………………………………………… 80

目　次　*vii*

　5．グループの発達からみたいじめ ……………………………… 81

　6．いじめ問題に関わる際の前提 …………………………………… 83

　7．いじめ対応の実際 ……………………………………………… 84

　8．おわりに ………………………………………………………… 87

　コラム　いじめの小魔王の活躍 ………………………………… 88

第9講　反社会的問題行動への理解と現場での対応

　1．はじめに：事例「成人式での事件」 ………………………… 91

　2．事例「3歳児の火遊び」 ……………………………………… 92

　3．2つの共通点 …………………………………………………… 92

　4．非行の推移と現状 ……………………………………………… 93

　5．少年非行の処遇 ………………………………………………… 95

　6．少年非行と犯罪の違い ………………………………………… 97

　7．思春期・青年期の特性 ………………………………………… 98

　8．情報提供と落とし前 …………………………………………… 99

　9．おわりに ……………………………………………………… 102

第10講　若者支援：不登校・ひきこもり・退学者等の
##　　　　　具体的な支援

　1．イントロダクション ………………………………………… 105

　2．地域若者サポートステーションの支援内容と利用者の特徴 ……… 105

　3．地域若者サポートステーションは発達障害者の支援機関なのか …… 107

　4．どのような目的で支援機関に訪れるのか ………………… 108

　5．教育機関と地域若者サポートステーションの連携 ……… 110

　6．地域若者サポートステーションという卒業後の進路 ……… 113

viii

第11講　児童・生徒個人の力・集団の力を利用する
〜資源は教員の力だけじゃない

1．個人の力や特性を把握し，利用する ………………………………… 115
2．グループ発達の特徴について理解する ……………………………… 115
3．良い「グループ体験」をする ………………………………………… 119
4．構成的グループエンカウンター …………………………………… 120
5．その他のグループワーク ……………………………………………… 121
6．遊戯的・ゲーム的な関わり …………………………………………… 122
7．まとめ …………………………………………………………………… 123

第12講　日常の学校生活を活用する　〜アクティブ・ラーニグ，
キャリア教育，進路指導・生徒指導との関連

1．アクティブ・ラーニングとは ………………………………………… 125
2．「アクティブ・ラーニング」が真にアクティブになるために ……… 127
3．アクティブ・ラーニングとキャリア教育の関係 …………………… 128
4．進路指導，キャリア教育を超えて　〜教科書を超えて …………… 129
5．生徒指導への誤解，生徒指導との関係 ……………………………… 131

第13講　ゴール：未来像（ライフ・キャリア）を構築する，
集団で支え合い・応援する

1．教育相談のゴールとは ………………………………………………… 133
2．学校種をつないで，学校種を超えて ………………………………… 134
3．実際のキャリア・カウンセリング …………………………………… 135
4．将来の目標を持つに当たって ………………………………………… 136
5．職場体験や企業講演の可能性と限界 ………………………………… 137
6．スーパービジョンに替えて：教員同士による事例検討のススメ … 138
7．余裕を持たせる ………………………………………………………… 139
8．おわりに：まとめ ……………………………………………………… 139

目　次　*ix*

第14講　チーム学校：上司や同僚，他の専門家との連携と　　　計画の作成

1．今後の「チーム学校」の在り方 ……………………………………… 141
2．何を連携・協力していくのか，何に注意するのか ……………… 147
3．連携・協力の効果 …………………………………………………… 149
4．計画の作成 …………………………………………………………… 149

第15講　保護者，地域と「同盟を結ぶ」

1．はじめに ……………………………………………………………… 153
2．「モンスター・ペアレント」「クレイマー」の実態 ……………… 154
3．ある事例から ………………………………………………………… 156
4．対人コミュニケーションについて ………………………………… 157
5．子どもを守るためには親はモンスターになる …………………… 159
6．保護者との話し方の工夫 …………………………………………… 161
7．いわゆる「モンスター・ペアレント」に対する対応 …………… 161
8．おわりに ……………………………………………………………… 162

【参考】期末（確認）テスト・レポートの例 ……………………………… 163
　　　　さらに学ぶための参考文献 ……………………………………… 165

おわりに ………………………………………………………………………… 166

第1講　これからの教育相談　〜教育相談の意義と課題

1．教育相談はどうあるべきか

　我が国の教育相談に関して，従来，明確なガイドラインがないことが指摘されていました。例えば栗原（2002）はアメリカの状況と比較しながら，日本の学習指導要領の中では教育相談の実践的あり方について触れられていないことを指摘し，「日本の場合はガイドラインもなく，担当者は十分なトレーニングを受けたこともなく，しかも道具も不足しているという状況の中で，道具を作るところから始めてオリジナルな実践をし，さらに結果を求められるという状況にある」と報告しています。

　ここで，そもそもの教育相談の定義・対象・内容を確認しておきたいと思います。中学校学習指導要領解説（特別活動編）によれば「教育相談は，一人一人の生徒の教育上の問題について，本人又はその親などに，その望ましい在り方を助言することである。その方法としては，1対1の相談活動に限定することなく，すべての教師が生徒に接するあらゆる機会をとらえ，あらゆる教育活動の実践の中に生かし，教育相談的な配慮をすることが大切である」とされています。これを受け，生徒指導提要では「すなわち，教育相談は，児童生徒それぞれの発達に即して，好ましい人間関係を育て，生活によく適応させ，自己理解を深めさせ，人格の成長への援助を図るものであり，決して特定の教員だけが行う性質のものではなく，相談室だけで行われるものでもありません。これら教育相談の目的を実現するためには，発達心理学や認知心理学，学校心理学などの理論と実践に学ぶことも大切です。また，学校は教育相談の実施に際して，計画的，組織的に情報提供や案内，説明を行い，実践することが必要となります」としています。

　また教育相談の対象・内容は，「教育相談はすべての児童生徒を対象にします。いじめ，不登校，非行などの問題を抱える児童生徒，また，学習や対人関

係，家庭の問題等で不適応感を持ち始めてきているが，まだ非行や欠席などの具体的な行動には表れていない児童生徒，さらには，表面上は特段の問題なく元気に学校生活を送っている多数の児童生徒を対象として，学校生活への適応とよりよい人格の向上を目指して行われます」とされ，全ての児童・生徒を対象に「学校生活への適応」と「よりよい人格の向上」を目指すものとされています。

先の学習指導要領と合わせて考えると，教育相談では，1対1の相談だけではなく日々の児童・生徒との個別的・集団的やりとりを通じて，児童・生徒が（1）自ら人間関係を作れる，さらに可能であれば他の児童・生徒の人間関係形成の支援ができる，（2）学校・集団生活に適応できる，さらに可能であれば適応できていない児童・生徒に手を差し伸べられる，（3）自己理解を深める，さらに可能であれば他者理解も深め，適応する集団の一員となれる／適応的な集団を作れる，得意を伸ばし，不得意を克服し，周囲との違いを受け入れられる，（4）人格を成長させられる，さらには周囲とともに成長できるようになる，ことが求められています。教科教育のメインが「教科を学び，教科的な知識や経験を増やす」ことだとすれば，教育相談のメインはこうした人格形成・人間関係形成・環境への適応の支援と言えます。問題が起こった時に行うカウンセリング技法を用いた1対1の相談だけでなく，問題の有無と関係なく授業や授業外も用いて，教育したり集団指導したりしながら人格形成や人間関係形成，環境への適応を支援する教育の総体とも言えるかもしれません。

教育相談を行うのは何も学級担任（ホームルーム担任）に限るものではなく，校長や教頭，養護教諭，スクールカウンセラー，地域の関連機関などを含めた「チーム学校」で取り組む必要があります。しかし個々の学級担任（ホームルーム担任）が行う教育相談として「教育相談は，一部の特別な知識と技法を身に付けた教員のみが行うものではありません。教員であればだれでも身に付けなければならない教育方法の一つなのです。学級担任・ホームルーム担任として教育相談を行うためには，①問題を解決する，②問題を未然に防ぐ，③心の発達をより促進する，などのスキルが必要」とされています。生徒指導提要ではさらに「問題を解決する（問題解決的・治療的）教育相談の進め方」へと進んでいきますが，そこでは①児童生徒の心理的特質と問題行動についての基

本的知識を持つ，②不適応問題に気付く，③実態を更に明確に把握する，と説明されているのみです。④自主的な相談への対応では，カウンセリング技法の援用という「ガイドライン」が提示されています。個々の教員がカウンセリング技法を援用した教育相談に習熟していく必要があるのです。スクールカウンセラーに過度に頼ることなく，学級担任（ホームルーム担任）が日々問題の解決・防止，心の発達に取り組んでいく必要があるのです。

　生徒指導提要ではさらに，⑤呼び出し面接の進め方，⑥あらゆる場面の教育相談，と記載が続きますが，これらの記載ではかなり歯切れが悪くなっており（実は呼び出し面接は「難しい」という解説だけで終わっています），技法の紹介が途中で途切れています。ようやく後半になって「教育相談でも活用できる新たな手法等」として，グループエンカウンター，ピア・サポート活動，ソーシャルスキルトレーニング，アサーショントレーニング，アンガーマネジメント，ストレスマネジメント教育，ライフスキルトレーニング，キャリア・カウンセリングの8つの集団活動（ガイダンス）が挙げられていますが，特にそれらの手法についての具体的な説明はありません。これらについては教員自らが調べ，学んで行かなければなりません。そのためにも本書のような書籍（講義）での学習や教員研修が必要となるのです。

　これら具体的な手法については本書のほか，有村編（2004）などでも紹介されていますのでぜひ参考にしてください。また，それぞれの技法についての専門的な書籍も個別に出版され，教員免許更新講習をはじめとする教員研修なども行われていますので，そちらも参考になるでしょう。なお，さらに言えば，これら技法はそれぞれ部分部分の問題解決に用いられるものであって，教育相談全体を貫くものではありません。生徒同士の成長を促すグループワークの効果は諸富（2013）などで指摘されてはいるものの，学級担任（ホームルーム担任）としては呼び出し面接やあらゆる場面で使える技法を，カウンセリングやグループワークなど1つの技法だけでなく複数個の技法を自ら学び，用意しておく必要があるのです。自ら対応する場合もあるでしょうし，同僚や管理職，スクールカウンセラーや関係機関との連携でチーム対応する場合も出てくるでしょう。

グループワークのテーマ

「教育相談は誰が行うものですか」

「あなたは教育相談でどんなことをしていきますか」

「教育相談を行うことで，どういう問題が解決する（あるいは起こらなくなる）と思いますか／どういう問題を解決したい（あるいは起こらなくしたい）と思いますか」

「教育相談のために，あなたはどういう場面・方法で児童・生徒を観察しますか，どういう場面で児童・生徒に話しかけますか，どういう場面・どういう方法で児童・生徒を把握・評価しますか」

※これらの問いかけは，後半部分でも出てきます。講義（研修）を受けながら自分の「教育相談」観がどう変化するか，その都度意識してみてください。

2．教育相談で使えるカウンセリング技法

　教育相談で使えるカウンセリング等の技法として，生徒指導提要ではグループエンカウンター，ピア・サポート活動，ソーシャルスキルトレーニング，アサーショントレーニング，アンガーマネジメント，ストレスマネジメント教育，ライフスキルトレーニング，キャリア・カウンセリングなどが挙げられています（それら技法については第6講，第11講および第13講で具体的に解説していきます）。

　それら技法に限らず，いわゆる従来からあるカウンセリング技法（基礎としては受容・傾聴・共感的理解：第2講を参照）や協同学習の理論なども重要になりますが，本書でのカウンセリングについては，教育現場における効果・効率の観点から，解決志向アプローチをはじめとするナラティブ／社会構成主義アプローチを中心に解説します。解決志向アプローチは社会構成主義に基づくアプローチであり，教員からの客観的視点（大人が児童・生徒を見る視点）というよりも，児童・生徒の主観的世界（語り：ナラティブ）の視点を大切にすることで児童・生徒自身が問題に解決志向で対応し，自律的に現実に適応していくことを支援します。教員が受身に傾聴するというよりも，教員からの積極的な質問や宿題を通じて児童・生徒の視点から解決に向けたアプローチを行う

ことで，早期に（短期的に）問題が終結しやすく，教育場面にマッチしていると考えられるからです。解決志向アプローチの実際については第4講で詳細に解説します。

グループワークのテーマ

「あなたは上記の技法について，知っているものがありましたか。知らないとすれば，何を資源として学ぶことができますか」

「講義外で，これら技法に関連する本を借りて（買って）読んでみて，感想やコメントを言い合いましょう」

「学びを実践するには，どんな場面・方法があり得ますか」

3．問題（リスク）を把握する

　学校あるいは教育相談における問題あるいはリスクとは何でしょう？　簡単に言えば，学校等への不適応（例：学業への不適応，人間関係への不適応，登校できない，問題解決ができない）あるいは不適応の可能性（リスク）ということになります。そこには，目に見える問題以外にも何らかの問題（例：不適応ではないが気になる行動，感情を適切に処理できていない，相互に適切なコミュニケーションができていない，大きな問題にはなっていないが不適切な人間関係，隠れた問題）もあるかもしれません。今は大丈夫でも後から出てきそうな問題（例：今は単に「悪ふざけ」で済んでいるが…，今は片方が我慢しているが…，今は「ちょっと片付いていない」程度で済んでいるが…）があるかもしれません。

　そうした問題について，「どういう場合にどんな問題が出る可能性があるのか」「どうやったら問題を早めに察知でき，どういう対応をすればいいのか」「どういう（予防・開発）教育をしておけば，そうした問題が起こらないのか」ということを事前に考えておくことは重要です。次講以降で具体的に解説していきますが，本書だけでなく類書も参考に，たくさんの事例や問題について事前に学び，考えておくことをお薦めします（本書では第5講，第8講，第9講，第10講で具体的に論じます）。

大きな問題が起こる前に問題（リスク）を早めに把握するには，「小さなきっかけ（≒変化）」に気づくことが重要です。休みがちになる／伏し目がちになる，遅刻が増える／忘れものが増える／無気力になる，学力・点数が急に落ちる／発言が減る，服装や持ち物が汚れている／同じ服が続く／服装や髪型が変わる，常に空腹である，友達や教員との衝突が増える，感情の起伏が激しい／感情がない／空回りしている／やけに騒がしい／泣きわめく，おどおどする・ビクビクする・きょろきょろする，いつも会話している友人と会話していない，いつもと違う友人と群れているなど，「普段と違う言動・行動」をしっかり観察していくことが必要です。また変化だけでなく「いつも会話が成立していない」「情報が一方的」「雰囲気が固い／暗い」など自分自身が「気になる点」にも目を向けておきましょう。

グループワークのテーマ

「学校あるいは教育相談における『問題』にはどんなものがありますか」
「問題のきっかけを掴むには，どういう点に着目しますか」
「問題のきっかけを掴むことができるのは，誰ですか。学級担任（ホームルーム担任）として，あらゆるきっかけを把握するために，どんなことができますか」

4．児童・生徒個人／集団の現在位置を査定（アセスメント）する

児童・生徒の現在位置を把握するには，具体的な問題行動の把握のほかに出欠・遅刻，授業時の姿勢や態度，髪や服装などの身だしなみ，習熟度テスト・学力テストなどの学力評価のほか，休み時間の友人との関係，委員会，クラブ，運動会，合唱コンクール，学園祭，部活などの状況，他教員からの情報，保護者からの情報，直接児童・生徒から聞く，他の児童・生徒から聞く，児童・生徒との面談や雑談，書かれた作文や絵画の内容，Ｑ－Ｕ診断や心理検査などの各種検査など多岐に渡ります。あるいは「クラスの雰囲気」「コミュニケーションの欠如」など「なんとなく」曖昧につかみ取るものもあるかもしれません。

これらの評価・観察や質問，時には検査なども活用しながら，問題（リス

ク）を把握するだけでなく，その児童・生徒あるいは集団のポジティブな資源（問題解決のための資源・問題を起こさずに済む資源）も見つけあるいは教え，成長させていくことが教育相談になります。具体的な対応については，それぞれの講で解説していきます。

グループワークのテーマ

「児童・生徒の現在位置を査定（アセスメント）するには，どういう視点・方法がありますか」

「児童・生徒の現在位置を査定（アセスメント）する方法を学ぶには，どういう機会・方法がありますか」

5．教育相談の意義と課題

今なぜ，学校の中で教育相談に力を入れることが求められているのでしょうか。教育相談等に関する調査研究協力者会議は平成19年7月に「児童生徒の教育相談の充実について──生き生きとした子どもを育てる相談体制づくり──」を報告し，児童生徒をめぐる状況として「現代社会の変容の中で，家庭の教育力や地域の機能が低下するとともに，児童生徒の抱える問題が多様化し，深刻化する傾向も見られる。こうした様々な問題に対して，学校が対応しなければならない状況になっている。また，社会の変化は，教員や児童生徒にもストレスの増大を招いている」と児童生徒の問題の多様化・深刻化と，教員や児童生徒のストレスの増大を指摘しています。またこうした点から「様々な悩みを抱える児童生徒一人一人に対して，きめ細かく対応するためには，学校とともに，多様な専門家の支援による相談体制をつくっていくことが大切である」とし，「教育相談は，学校における基盤的な機能であり，教育相談を組織的に行うためには，学校が一体となって対応することができる校内体制を整備することが必要であるとともに，教育相談に対する教員一人一人の意識を高めることが必要である」と，一人一人の教員が教育相談に対する意識を高めることを求めています。そのために「教育相談に当たる教員の児童生徒の抱える課題や効果的な指導・対応に関する姿勢と意識が大切であり，様々な校務分掌に教育相談の

8

機能を生かしていく発想や，教育相談に関する教員研修の充実が必要」なのであり，教職科目や教員免許更新講習等での教育相談の学習（研修）が強化されることとなったのです。問題が起こってから対処するのではなく，問題の芽を早期に発見・解決し，あるいは事前に予防・開発を行っていこうという新たな枠組みです。

　もちろん学級担任1人で全てができるものではありません。チーム学校として，あるいはスクールカウンセラーと連携しながら，はたまた地域の関係機関や教育委員会等と連携した体制づくりが重要となってくるのです（チーム学校，地域連携は第14講，第15講で詳しく解説します）。

※平成22年4月23日には文部科学省初等中等教育局児童生徒課とスポーツ・青少年局学校健康教育課の連名で「児童生徒が抱える問題に対しての教育相談の徹底について（通知）」という事務連絡が出ています。これは，男の子を女の子として受け入れることとなった性同一性障害の事例を紹介し，保護者の意向にも配慮しつつ，児童生徒の実情を把握した上で相談に応じるとともに，必要に応じて関係医療機関とも連携するなど，児童生徒の心情に十分配慮した対応をお願いする事務連絡であり，こうした「新たな事例の対応の必要性」について継続的に学んで行く必要が指摘できます。教育相談は，スクールカウンセラーのみが行うものでは当然なく，学級担任（ホームルーム担任）を初めとする教員の日々の学びが重要だと感じています。

【第1講の参考文献】

有村久春（編）　2004　『「生徒指導・教育相談」研修』　東京：教育開発研究所
栗原慎二　2002　『新しい学校教育相談の在り方と進め方』　東京：ほんの森出版
前川菅子　2008　「生徒との信頼関係を築き，やる気を引き出し高める支援の工夫―「コーチング」の傾聴と質問のスキルの活用を通して―」南部広域行政組合研究報告書
森俊夫，黒沢幸子　2002　『解決志向ブリーフセラピー』　東京：ほんの森出版
森俊夫　2001　『"問題解決の意味"にこだわるより"解決志向"で行こう』　東京：ほんの森出版
森俊夫　2000　『先生のためのやさしいブリーフセラピー』　東京：ほんの森出版

諸富祥彦　2013　『新しい生徒指導の手引』　東京：図書文化

若島孔文，生田倫子，吉田克彦　2006　『教師のためのブリーフセラピー』東京：アルテ

渡部昌平（編）　2015　『社会構成主義キャリア・カウンセリングの理論と実践』東京：
　福村出版

吉田圭吾　2007　『教師のための教育相談の技術』　東京：金子書房

コラム　「それ以外のカウンセリング」を学んではいけませんか？

　もちろん何を学んでいただいても差し支えありません。ご自身が納得
できる（あるいは使いやすい）技法をご活用ください。

　一時期大流行した「アドラー心理学」なども，学校教育には馴染みや
すいと思います。人のその行動には何らかの目的がある。例えば児童・
生徒は教室内で気を引くために（1）注目・関心を引く（例：教師のお
気に入りになる以外に「悪目立ちをする」「いたずらをする」等）（2）
権力争いをする（リーダーやボスになりたがる。教師への反抗や指示
に従わない等）（3）復讐する（直接相手を傷つけるだけでなく，他の
児童・生徒や器物に危害を加える等）（4）無気力・無能力を誇示する，
などの方法を取るかもしれません。時に問題行為となるこれら行動に対
して，教員が「その気の引きかたは，結果としてあなた自身にとっても
周囲にとっても良くない」という認識を持って，直接言葉で伝えたり，
良い行動を褒めたり，行動のトレーニングをしたり，周囲の人間関係を
使ったりして，解決していかなければなりません。そうした問題の把握
や解決に，アドラー心理学の考え方は使えます。

　また交流分析や論理療法，ゲシュタルト療法，実存分析，家族療法，
認知行動療法あるいはプロジェクトアドベンチャー（ＰＡ）やトレーニ
ンググループ（Ｔグループ）などの技法も有用であるかもしれません。

　過去に読んだり学んだりしたことがあるもの，あるいはちょっと読ん
でみたいとか学んでみたいと思ったもの，入口はどこからでも構わない

ので，ご興味のあるものから学んでいただければよいと思っています。

【コラムの参考文献】
会沢信彦　2014　『学級担任のためのアドラー心理学』　図書文化
岸見一郎，古賀史健　2013　『嫌われる勇気』　ダイヤモンド社
向後千春（監修）　2014　『コミックでわかるアドラー心理学』　中経出版

第2講　教育相談の前に　〜カウンセリングマインド，受容・傾聴・共感的理解等の基礎的な姿勢や技法

1．普段から，大人の側から，本音で語る

　皆さんは児童・生徒時代に，「教員の話」をしっかりじっくり聞いていたでしょうか。どのくらいの信頼度や納得度，傾聴力を持って教員の話を聞いていたでしょうか？　その話を後で反芻することはあったでしょうか？

　小学校低学年の頃は（注意力や集中力はさておき）多くの人が教員の話は絶対的なものとして聞いていたと思いますが，高学年に上がるにつれ，少しずつ適当に聞くようになっていったのではないでしょうか。一般論として，学校教員の話は本音というよりも建前論・理想論に流れがちなので，「はいはい」とは聞くものの（多くの人は反抗まではしないものの）適当に聞き流したことも多いはずです。

　児童・生徒に話を聞いて欲しい時に，どうしたら本気で話を聞いてもらえるでしょうか？　そこには日々の信頼関係が必要だと考えています。ではどうしたら児童・生徒と信頼関係が結べるのでしょうか？　一つの答えとして，「普段から，大人の側から，本音で語る」ということが重要なのではないかと考えます。「大人（教員）は建前論・理想論しか言わない」「大人の話は面白くない」という児童・生徒の日常の偏見・思い込みを，「この人は本音で語ってくれるから，この人の発言なら（仮に従わないまでも）信頼できる」というふうに変えていく必要があるのです。

　もちろん教育者ですから，「全てをありのままに，本音で語る」わけにはいかないかもしれません。しかし子どもたちの教育に責任ある大人として，子どもたちに「何か」を伝える伝道者として，可能な限り，語れる部分については本音で語る必要があります。子どもたちが将来「責任ある大人」になるためにも，自らがロールモデルとして「責任を持って，本音で語る」大人であることは大切なことだと思います。

グループワークのテーマ

「"好きだった先生・嫌いだった先生"について，グループでなぜ好きだった
か・嫌いだったか話し合ってみてください。あなたはどんな先生になりたい
ですか？」

「"信頼できる先生・できない先生"について，グループで話し合ってみて
ください。どういう先生なら信頼できて，どういう先生だと信頼できません
か？」

※過去のトラウマにも配慮し「思い出したくないことは思い出さなくてもよ
い」というルールは，この章以降でも徹底してください。

※「好きな先生，嫌いな先生」の一般的条件については，本講末尾のコラムも
参照にしてください。

2. 人間の本質を認め，受け入れる

　小学校高学年や中学生にもなれば，世の中には本音と建前，理想と現実があ
ることが分かります。正義や理想があっても，それが成立していない場面も見
えてくることでしょう。大人が「人に優しくしましょう」「人に迷惑をかけて
はいけません」と伝えても，言っている大の大人が守っていないことも珍し
くなく，聞いている児童・生徒のほうが白けてしまっていることもあるでしょ
う。こうなると教員がいくら正義や理想を伝えても，児童・生徒たちは建前で
「はーい」とだけ返事をして，もはや本音で納得することはありません。児
童・生徒たちが教員などの大人と建前でしか接しなくなっているとすれば，問
題の把握も解決も困難となるため，これは大きな問題（あるいは大きな問題に
至る可能性がある危険サイン）です。

　例えば，人は「面倒なこと」「嫌なこと」「つらいこと」はやらない・やりた
くないものです。部活の練習なども顧問やコーチが見ていないと（あるいは友
達がやらないと）サボる児童・生徒も少なくありません。また人は「やったこ
とがないもの」「知らないもの」「自分と違うもの」には拒否感や拒絶感を感じ
ることがあります。こうしたことは受身の姿勢やいじめにもつながりかねませ

ん。しかしこうしたことは「実際に（誰にでも）ある」こととして，まずは存在を認めなければなりません。その上で「どうしてやるのか」「やる意味や影響は何か」「どうすればやらないのか・防げるのか」という意味や意義あるいは（未来への）影響を問うていく必要があります。

　一方で，人には好奇心や向上心があります。放っておいても熱心に学ぶ児童や生徒もいるものです。こうした好奇心や向上心を積極的に発揮してもらうには，どうしたらよいでしょうか？

　それには「教員や保護者などの周りの大人が支援する」だけでなく，児童・生徒自身が「自分にとっての意味や影響」「未来につながる意味や影響」「本来あるべき（あって欲しい）意義」として考える時間を提供することではないか，と考えています。野球にせよサッカーにせよ，子どもたちは実践形式の練習試合なら大好きです。体力づくりや基礎練習は，面倒で嫌なものです。しかし「基礎体力をつけたい」「上手くなりたい」「試合に勝ちたい」「協力したほうがいい結果が出る」「友だちに迷惑をかけたくない／嫌われたくない」という自分なりの意味づけができれば（あるいはその行動の未来への影響が理解できれば），最初は面倒と思っても自らできるようになります。実際，プロ選手が体力づくりや練習に取り組んでいることを生徒たちが知れば，納得すると思います。子どもたちにも，周囲の大人や先輩たちをロールモデルに「練習／協力の必要性・重要性」あるいは「計画と管理の必要性・重要性」を伝えていく必要があります。

　勉強やコミュニケーション力でも同じことです。教員が叱咤激励するだけでなく，児童・生徒自身に「未来に向けた，自分にとっての意味・意義（必要性）・影響」を考えてもらい，それを同級生や保護者，地域とともに支援していくこと，それが教員の役割だと考えています。

グループワークのテーマ

「自分の経験を踏まえて，人間の本質的なこと（いいところ・悪いところ）について，グループで話し合ってみましょう」

※この際，個人個人をあげつらうことはやめましょう。またその場で聞いたことは他の場面で話さないように約束してから始めましょう。

14

「自分の感覚で構わないので「頑張っている人・尊敬できる人」について，その理由とともに，グループで話し合ってみましょう。その人のどういう面を自分に取り入れるといいと思うか，取り入れようと思っているか宣言してみましょう。その「いいところ」を取り入れたら，どんなことができそうか，話し合ってみましょう」

「どういう時にサボりやすいのか，どうすればサボらないのか，グループで考えていきましょう」

3．本質を受け入れた上で，できること・やるべきことを考える

　人は面倒なこと・嫌なこと・つらいことはやりたくありません。それは第一義に認めるべきです。児童・生徒に限らず，大人だってそうなのです。その上でどうしたらいいかを考えることが重要です。

　また人はやったことのないもの・知らないもの・自分と違うものには拒否感や拒絶感を示し，認めたくないもの・自分より弱いものには排除の意識が生まれがちです。それはそれとして認めた上で，それでも「やってはいけないこと」「やるべきこと」について一緒に考えていくべきです。

　罪を憎んで人を憎まず。問題行為は否定すべきですが，児童・生徒の人格までを否定しないように気を付ける必要があります。どんな気持ちでも一定は認めた上で，行動としてやってはいけないことはいけないと，ダメなことはダメと，しっかり伝え，（人格を否定することなく）本人に認めさせる必要があります。そうでないと行動は定着しません（教員などの大人が見ていない陰でやることにもなりかねません）。

　「ダメなことはダメ」と伝えその意味を理解してもらうことは，責任ある社会人になるためにも，お互いに通過すべき儀礼であると考えています。児童・生徒の反抗を恐れて控える類のものではありません。

　ダメなことを指摘されると，人は自分の人格を否定されたかのようにネガティブな気持ちになりがちです。一方でいい点を指摘されると，多くの人は嬉しく感じます。当たり前のことであっても「やっていること・できていること・継続していること」「やろうと努力していること」にもしっかり焦点を当てコ

ンプリメント（※この場面では「しっかり認める」という意味）することで，指摘された児童・生徒も，指摘した教員の側も前向きになっていくはずです。

グループワークのテーマ

「サボりたい，面倒くさいと思ったけれど，ちゃんとやったことはありますか。なぜちゃんとやりましたか」

「嫌なこと・面倒なこと・つらいことでもやるためには，どういう方法がありますか」

「初めてのこと・やったことのないこと・馴染みのないものには拒否感を持つ場合もありますが，どうすればできる／やれると思いますか」

「自分の成長を考えた場合，これら面倒なこと・やったことのないことはどのくらいやったほうがいいと思いますか。どういう面倒なこと・やったことのないことはやったほうがいいと思いますか」

「保護者や教員など大人の人に認められてうれしかったことはありますか。それはどういうことでしたか。どんな言葉かけをしてもらいましたか」

4．カウンセリングマインド
（受容・傾聴・共感的理解などの基礎的な姿勢や技法）

カウンセリングマインドとは「相手（の人格）を受けとめる・尊重する」ことです。その人の人格を否定せずに，同じひとりの人間としてしっかりと認め，受け入れることです。単に児童・生徒の「話を聴いてあげる」というだけでなく，例えば自分の仕事の手を止めて，児童・生徒のほうをしっかり見て，まずはコメントも感想も否定も止めて，しっかりと頷きながら（児童・生徒の気持ちも考えながら）聴くことが重要です。楽しければ一緒に笑い，悲しければ一緒に泣き，疑問があれば質問し，納得したり共感したらその旨伝え，聴いたことを自分なりにどう感じたか，どう理解したかも，相手に配慮しながら伝え，確認していく必要があります。

カウンセリングマインドは受容・傾聴・共感的理解と整理されることが多いですが，しかし「児童・生徒のことを怒ってはいけない」「児童・生徒の表出

した言葉や感情，行動を否定してはいけない」ということでは決してありません（詳細については第4講で解説します）。とはいえ，いきなり怒るよりも「なぜそう感じた（考えた）のか」「なぜそういうことをしたのか」「どういう状況だったのか」という理由や背景を聞くほうが良さそうです。そこにはその児童・生徒なりの個人的理由・背景があるかもしれません。怒るのは理由や背景を聞いてからでも遅くありません。

　あるいは，教員として児童・生徒から「自分がバカにされた」「自分の立場がないがしろにされた」と感じ気持ちが高ぶって，児童・生徒を怒ってしまうこともあるかもしれません。常に自分の感情に客観的になることは非常に困難ですが，教員として，児童生徒をしっかり受け止めるとともに，自分自身の感情や思考も冷静に受け止めていく必要があります。成長途上にある児童・生徒に対して，大人である教員が怒りや悲しみのような強い感情を表現する場合には，十分な配慮が必要です。

グループワークのテーマ

「2人組になって1人が自分の趣味を話し，1人は作業をしながら話を聴きましょう。話しているほうはどんな気持ちになりますか」

「2人組になって1人が自分の趣味を話し，1人は作業の手を止めて相手のほうを向き，うなずきや反応に気をつけながら会話してみましょう。話しているほうは相手がどんな反応をすると話がはずみやすいですか。もっと話したいと思いますか」

「怒りや悲しみなどの強い感情で，不適切な発言や必要以上に強い言葉遣い（例：お母さんなんか出て行け等）をしたことがありますか？　どんなときにどんな表現をしましたか」

5．教員の立場の範囲で伝える

　児童・生徒に本音で語るべき，あるいは児童・生徒の話をしっかり聴くべきとは言っても「未成年の喫煙・飲酒の否定」「いじめ防止，人格否定の禁止」など学校組織として守るべきルールはあります。教員である限り，法律だけで

なく学校で決められたルールを含め、「ダメなことはダメ」と伝えることは必要です。規則ではないかもしれませんが、学校にはできれば毎日きちんと来て欲しいし、授業中は授業を聞いて欲しい、クラスのメンバーともできるだけ仲良くして欲しい、といった気持ちを正直に伝えることも重要です。

「ルールを伝える」のと「教員としての自分の気持ちを伝える」のは少し次元が違う話ですが、それらを区分した上で、教員として責任を持って児童・生徒に「伝えるべきことはしっかり伝えていく」ようにしましょう。

グループワークのテーマ

「教員が守るべきルールにはどんなものがありますか」

「クラス集団がどういう状態になった時に、教員は介入すべきだと思いますか」

「教員がどんなことをすると（言うと）、児童・生徒は不快感・不信感を持つと思いますか。あなたが過去に教員に不快感・不信感を持ったのは、どんな時でしたか」

「児童・生徒に信頼される教員は、どんな言葉遣いをしていると思いますか。どんな姿勢や態度、行動だと思いますか」

6．守秘義務への対応

児童・生徒の「誰にも言わないで」「先生だけの秘密にして」などの言葉はどれだけ大切にすべきでしょうか。もちろん最大限大切にすべきですが、法令に違反すること（犯罪にかかわること）や生命の危機に関することは、児童・生徒の承諾なしに連絡・通報する必要が生じます。学校における守秘義務は、情報を「校外に洩らさない」という意味で捉えるべき（「生徒指導提要」）とされています。チーム学校におけるいわゆる「集団守秘義務」と理解すればよいでしょう。とは言いながら、同僚の教員であれば何でも話していいというものではありません。相手と内容を厳選して必要な人に伝えていくべきですし、可能であれば児童・生徒に「こういう理由で、この先生には伝える必要がある」と伝えた上で、できるだけ情報を共有したほうがいいことは言うまでもありません。

7. 暖かい言葉の効果 ～暖かい言葉は循環する

　人は褒められたり評価されたり応援されたりすると，嬉しいものです。褒められたり評価されたり応援されたりした人は，自分以外の別の人を褒めたり評価したり応援したりすることができるようになります。こうして人間関係を良くします。

　心をほわほわさせる「温かい言葉」は，言った人も言われた人をも温かくし，次の温かい言葉を生み出します。教員から始めるもよし，温い言葉を使っている児童・生徒を褒めるもよし，教室内で温かい言葉が多く使われることによって，教室内に温かい言葉の連鎖が生まれやすくなります。温かい言葉に満ちた空間は居心地がよく，一般に中間層を中心に成績も情緒も安定すると言われます。クラスの話し合いも友好的に進むことになるでしょう。

　逆に心にちくちくくる「冷たい言葉」（批判や否定，拒否など）が氾濫すると，個々の児童・生徒の気持ちも冷たくなります。冷たい言葉は冷たい言葉を呼び，雰囲気が暗くなります。教室内の居心地が悪くなり，人間関係だけでなく学力や情緒にも影響します。こうなってくると教員が怒ること（冷たい言葉による介入）では簡単には解決できず，温かい言葉による適切かつ長期的な介入が必要になってきます。

グループワークのテーマ

「あなたがかけられて嬉しかった言葉にはどんなものがありますか」
「温かい言葉・冷たい言葉が連鎖したことはありますか。それはどんなふうでしたか。どうなると良いと思いますか」
「あなたは他の人にどんな言葉をかけることができますか」
「冷たい言葉の連鎖を止めるためには，どういう方法がありますか」

8. 暖かい集団をつくる，個々の語りが受け入れられる集団をつくる

　前項のように，クラス全体（あるいは学校全体）が温かい言葉を使うような

第2講　教育相談の前に〜ｶｳﾝｾﾘﾝｸﾞﾏｲﾝﾄﾞ，受容・傾聴・共感的理解等の基礎的な姿勢や技法　　*19*

集団を作っていくことで，個々の問題の発生がかなり抑えられることにもなります。児童・生徒が自ら語り，聞き，自ら問題を解決しやすくなります。

　それだけでなく1人1人の児童・生徒が自らの考えや気持ちをクラスに向けて発言でき，それをメンバーが受け入れるような「安心できる場づくり」も重要です。「話すと聞いてもらえる」「話しても否定されない」「話している人の話を聞きたいと思う」場づくりのために，クラス最初の自己紹介などのほか「メンバーの共通点探し」や「いいところ探し」などのアイスブレイク（※緊張している場をほぐすワーク），グループエンカウンターやソーシャルスキルトレーニング，アサーショントレーニングあるいは運動会や学園祭など競争的・協力的な作業も取り入れながら，学級担任（ホームルーム担任）をはじめとする教員がカウンセリングマインドを持つだけでなくカウンセリングマインドを持つ児童・生徒を少しずつ増やしていかなければなりません。受容・傾聴・共感的理解ができる児童・生徒が，クラスに1人でも多いに越したことはありません。

9．教員1人で抱え込まない 〜情けは人のためならず，支え合いは皆のため

　教員の仕事は個人営業の専門職のようなところがあり，教員の多くはつい自分1人で全ての問題を解決しようとしてしまいがちです。それはそれで決して間違いではないと思うのですが，1人で解決できない問題では支援者・協力者（あるいは賛同者）を得ることが重要です。それは校長・教頭・学年主任などの上司，同僚や養護教員かもしれません。教育委員会や教育相談センター，さらには学外の協力者（スクールカウンセラーやソーシャルワーカー，保健師など），保護者や生徒，さらには自分の両親や兄弟，大学・高校時代の恩師や友人かもしれません（チーム学校については第14講で詳しく解説します）。スクールカウンセラーなどが直接問題解決を支援してくれる場合もあるでしょうし，時にはアドバイスをもらって教員自身が対応する場合もあります。その方法は連携先の数だけあると言えます。日々チーム学校の一員として人間関係を形成・維持していくほか，時間がある時に，自分の周囲にある資源について，改めて見つめ直してみることが大切となってきます。

グループワークのテーマ

「チーム学校にはどんな参加メンバーがいますか」

「1人で問題が解決できない時は，周囲にどんな資源がありますか」

「これまで1人で問題が解決できなかった時に，周囲のどんな資源が助けになりましたか？」

【第2講の参考文献】

クリストフ・アンドレ，パトリック・レジュロン　2007　『他人がこわい　あがり症・内気・社会恐怖の心理学』　紀伊國屋書店

星野欣生　2003　『人間関係づくりトレーニング』　金子書房

平木典子　2015　『アサーションの心　自分も相手も大切にするコミュニケーション』　朝日新聞出版

平木典子　2013　『図解　相手の気持ちをきちんと聞く技術』　PHP研究所

飯山晄朗　2015　『いまどきの子のやる気に火をつけるメンタルトレーニング』　秀和システム

インスー・キム・バーグ　2007　『ブリーフコーチング入門』　創元社

ジェシー・S・ニーレンバーグ　2005　『「話し方」の心理学』　日本経済新聞出版社

諏訪茂樹　2001　『対人援助とコミュニケーション』　中央法規

津村俊充　2012　『プロセス・エデュケーション』　金子書房

渡部富江　2011　『対人コミュニケーション入門』　ライフサポート社

コラム 好きな／嫌いな先生，信頼される先生とは？

　杉村（1979）は研究成果を以下のように示しています。

・小学校時代に好きだった教師：やさしい，一緒に遊んでくれる，親しみやすい，親切な，おもしろい

・嫌いだった教師：えこひいきする，よく怒る，怖い，うるさい，ヒステリック

・中学校時代に好きだった教師：親しみやすい，ユーモアがある，やさ

しい，理解してくれる，厳しい
- 嫌いだった教師：よく怒る，えこひいきする，皮肉を言う，しつこい，馬鹿にする教師
- 高校時代に好きだった教師：ユーモアがある・親しみやすい，意欲がある，理解してくれる，相談にのってくれる
- 嫌いだった教師：皮肉を言う，押しつける，意欲がない，馬鹿にする，冷たい

また豊田（2000）は同様に，以下のように示しています。
- 小学校に好きだった教師：親しみがもてた，信頼できた，思いやりがあった，明るかった，暖かかった，児童（生徒）への理解があった，尊敬できた，優しかった，授業を熱心にしてくれた，言動に矛盾したところがなかった
- 嫌いだった教師：自己中心的であった，えこひいきをした，うるさかった，児童（生徒）への理解がなかった，威圧的だった，厳しかった，言動に矛盾したところがあった，自信過剰だった，話が長かった，思いやりがなかった
- 中学校時代に好きだった教師：明るかった，授業を熱心にしてくれた，信頼できた，親しみが持てた，説明が分かりやすかった，授業がうまかった，児童（生徒）への理解があった，おもしろかった，尊敬できた，思いやりがあった
- 嫌いだった教師：自己中心的であった，えこひいきをした，うるさかった，言動に矛盾したところがあった，自信過剰だった，児童（生徒）の意見を聞かなかった，厳しかった，児童（生徒）への理解がなかった，表情が良くなかった，児童（生徒）と遊ばなかった
- 高校時代に好きだった教師：親しみがもてた，授業を熱心にしていた，知識が豊富だった，信頼できた，明るかった，優しかった，尊敬できた，児童（生徒）への理解があった，雑談がおもしろかった，おもしろかった
- 嫌いだった教師：児童（生徒）と遊ばなかった，自己中心的であった，児童（生徒）への理解がなかった，児童（生徒）の意見を聞かなかっ

た，話が長かった，授業がへたであった，うるさかった，話しが下手
だった，表情が良くなかった，自信過剰だった

　以上を見て分かるように，児童・生徒に認められるためには，日々児
童・生徒と接しながら児童・生徒を観察し，児童・生徒の話をしっかり
聞く意識，児童・生徒をしっかり理解する努力が重要であり，全ての児
童・生徒と公平に接するだけでなく，専門知識や授業力をつけていく
ことが必要ということになります。佐竹（2003）も「生徒を尊重して
いる」「好感度」「態度が変わらない，落ち着いている」「受容的」「快活
さ」「親密さ」などを持つ先生が生徒と信頼関係を持てていると指摘し
ています。

　当然といえば当然ですが，教員の自己鍛錬は教科教育に関する知識
や経験に限らず，人間性（カウンセリングマインド）を含めて広範囲
にわたっています。若い教員にはベテラン教員に比して，（年齢的に）
児童・生徒から親近感を持ってもらえるというメリットがある一方で，
「知識や経験のなさ・自信のなさ・不安」を指摘する（特に保護者の）
声もあるようです。教員自身のメンタルヘルスのためにも，長期にわた
る日々の鍛錬が重要です。

【コラムの参考文献】

杉村健　1979　『教育心理学』　近畿大学通信教育部

豊田弘司　2000　「好かれる教師像と嫌われる教師像」　奈良教育大学教育研究所紀要，
　36，65-71.

佐竹圭介　2003　「教育現場における教師に対する生徒の信頼感の研究」　九州大学心理
　学研究，第4巻，195-201

第3講 発達課題を意識する（児童期・思春期・青年期）

1. イントロダクション

　教育相談では，幼児，児童および生徒の発達の状況に即しつつ，個々の心理的特質や教育的課題を適切に捉えることが求められます。そのためには発達段階や発達課題を理解する必要があります。ここでは，教育相談に関わる発達心理学の基礎的な理論および概念について扱っていきます。

2. 児童期，青年期，成人期

　まず，児童期と青年期について解説した後に，思春期の位置づけを述べます。一般的な区分は，児童期，青年期，成人期で，可能な限り簡潔に説明すると下記のようになります。

　児童期（childhood）
　　小学校入学前後から思春期までの時期。年齢的には，6，7歳から11，12歳までの子どもであると見なされる。
　青年期（adolescence）
　　児童期と成人期の間に位置する，子どもから大人への移行期。
　成人期（adulthood）
　　個人が社会から一人前だと認定された段階以降の時期

　児童期はおよそ小学生の時期と重なります。比較的区分がしやすいといえます。一方，青年期は，「児童期と成人期の間に位置する，子どもから大人への移行期」とされていますが，前の時期と後ろの時期を説明することによりその位置づけが述べられています。成人期については，「社会から一人前と認定」

という記述があります。年齢的な要因というよりも，社会的な要因が関わっていることが分かります。

　青年期の始まりが児童期の終わりからとするならば，およそ中学生からと解釈可能です。児童期の終わりは，第二次性徴の発現や，身長の伸びが著しい第二の発育のスパート（adolescent growth spurt）の時期と重なるため，年齢的要因や身体的要因が関わってきます。それでは，青年期の終わりはいつでしょうか。成人期の始まりからとするならば，「社会から一人前と認定」された時期までとなります。就職したら一人前なのでしょうか。税金を納め始めたら一人前なのでしょうか。日本では，20歳になる若者は1月に成人式を迎えます。「新成人の皆さん」と式場で呼ばれることになります。しかし，このような社会的慣習と必ずしも一致しないのが心理学概念としての成人期です。大学・短大進学率の増加や晩婚化などの社会的な要因もあり，青年期は以前よりも長期化しているという指摘もあります。

3．思春期は何歳から何歳か？

　児童期で「思春期まで」と書かれているのにもかかわらず，上記の区分では思春期が出てきていません。そこで，思春期の区分について複数の資料を見てみたいと思います。

　　久世敏雄・斎藤耕二監修『青年心理学事典』福村出版，2000年
　　　　10歳から15歳
　　文部科学省『思春期の子どもと向き合うために』ぎょうせい，2001年
　　　　初期：12〜13歳，中期：14〜15歳，後期：16〜18歳
　　中島義明ら編『心理学辞典』有斐閣，1999年
　　　　狭義には12〜14歳，広義には12〜17歳くらいをさす

　3つの資料の年齢範囲を見てみると，最も低い年齢が10歳，最も高い年齢が18歳であることが分かります。このように思春期の定義は様々ありますが，およそ10代の者（ティーンエイジャー）と捉えておくとよいでしょう。児童期か

ら青年期にかけた時期と重なるということです。

4. 発達段階

　ここまで見てきた児童期，思春期，青年期などの区分には時間軸が含まれています。身長が伸びるなど量的な変化もあれば，児童期と青年期が別のまとまりとして区分されるように，飛躍的な転換が見られる質的な変化もあります。このことは発達の連続性と非連続性として古くから議論されてきました。このように，「個体の発達過程が連続的変化だけでなく，非連続的変化をも表すと考えるとき，相互に異質で独自の構造をもつとされる一定の区分された時期」を発達段階といいます。

　発達段階（developmental stage）の"stage"という言葉には，「段階」という意味と「舞台」という意味があります。このことについては，シェイクスピアの『お気に召すまま』にある"All the world's a stage"（すべてこの世は舞台）で始まるシーンが有名です。ある男性の人生が7つの段階に分けて描かれているのですが，例えば児童期から青年期に近い箇所を取り上げると，学校に行くのを嫌がってカタツムリのような足取りで登校する学童の段階，好きになった女性に切ない恋歌をつくる思春期の段階，名誉欲に目の色を変えている髭面兵士の段階などが出てきます。ひとりの男性の人生を様々な段階（stage）に分けて舞台（stage）で演じるとしたシーンです。これを実際の舞台で演じるとするならば，学童から思春期の間に1回，思春期から髭面兵士の頃の間に1回，それぞれセッティングを変える必要があります。いったん幕を下ろして再度上げるかもしれませんし，照明を一度落とした後に再度明るくするかもしれません。これは舞台用語で"転換"と呼ばれるものです。

　発達段階の定義は「相互に異質で独自の構造をもつとされる一定の区分された時期」です。この区分するものこそが"転換"であり，その前後には相互に異質で独自の構造を持つ時期があるとイメージするとわかりやすいかもしれません。

5．児童期から青年期にかけての発達

児童期から青年期にかけてはどのような変化があるのでしょうか。また，どのような「相互に異質で独自の構造」があるのでしょうか。以下に，「身体の発達」「思考の発達」「対人関係の発達」を見ていきます。

（1）身体の発達

ここでは，文部科学省の『学校保健統計調査－平成28年度（確定値）』（平成29年3月）を見ていきます。平均身長の推移について，例として男性の結果を図3－1に示します。現代に近い世代ほど身長が高い傾向にあることがわかります。

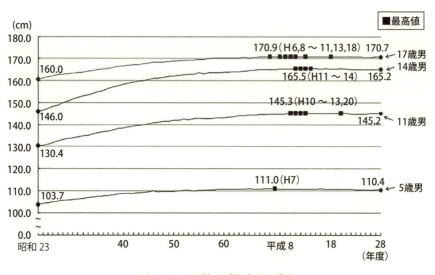

図3－1　男性の平均身長の推移

このように，世代が新しくなるにつれて，身体的発達が促進される現象のことを発達加速現象（development acceleration）と言います。それでは，この発達加速現象が意味するものは何でしょうか。発達加速現象について研究した澤田（1982）は，発達が早い方がよいとは決して言えないという立場を明確

第3講　発達課題を意識する（児童期・思春期・青年期）　　*27*

にしており，「幼児に児童期課題を担わせたり，少年少女に青年期課題を目標にさせたりするものであっては決してならない（p307）」と述べています。そして，「幼児期は被包感に満たされたその事の中に，児童期は探索する外界との出会いに明け暮れるその事の中に，充実すべき大切なものが存在するはずなのである（p307）」と各段階それぞれを充実させることの重要性を述べています。

（2）思考の発達

　児童期から青年期にかけてどのように思考は発達していくのでしょうか。ピアジェは，思考の発達を4段階に分類しています。そのうち，児童期に該当するものを具体的操作期（period of concrete operations），青年期に該当するものを形式的操作期（period of formal operations）と言います。児童期から青年期にかけては複雑な思考が可能になるプロセスがみられます。

1）児童期：具体的操作期

　ピアジェは，6歳前後から11歳前後までの子どもの思考は具体的操作によって特徴づけられると考えました。6〜7歳になると，具体的場面や実際的課題における対象について，見かけに左右されない論理的思考が可能になってくるとしています。このような思考を表すひとつの例として「保存」があげられます。おはじきは，間隔を広げて配置しても間隔を狭めて配置しても数の大きさは同じであることを理解している「数の保存」や，ある容器に入った水の量は，見かけが異なる容器に移し替えても，量そのものに変化はないことを理解する「量の保存」などがあります。

2）青年期：形式的操作期

　ピアジェは，11, 12歳ごろから，子どもの操作的思考は，内容を無視して，論証の形式に従って導かれるようになると考えました。論理的に考えられた可能性という見地から現実を見直すようになり，観念的な問題もできるようになるとしています。このような思考の例として，組み合わせがあげられます。例えば，「絵の具皿に，赤，青，黄，緑の絵の具が一列に並んでいます。4つのうち，2つの色を順番に混ぜ合わせて新しい色を作ってください。全部で何色できますか」という問題について，形式的操作期以前の子どもは正解を導けず，赤と青，青と黄，黄と緑の組み合わせしか考えられないことがあり，3色と答

えることがあります。形式的操作期の子どもは，すべての組み合わせを使って物事を考えることができるようになるため，赤と青，赤と黄，赤と緑，青と黄，青と緑，黄と緑であることが分かり，6色と答えることができます。

グループワークのテーマ

「あなたは小学校の時に，どのような遊びをしていましたか？」
「いくつか書き出したあとに，近くの人と話し合ってください」
「何人ぐらいで遊んでいましたか？　男女比はどうでしたか？」

（3）対人関係の発達

　児童期から青年期にかけてどのように対人関係は発達していくのでしょうか。まず，友人関係については，ギャングエイジからチャムシップへという変化がみられます。

1）児童期：ギャングエイジ

　大人数の友人の関係であり，友人と一緒にさまざまな遊びを行い，友だちと一緒に活動する時間がかなり増加するといわれています。

2）青年期：チャムシップ

　少人数の友人の関係になります。相互の親密な自己開示によって思考・感情の共有がなされ相手のことを深く理解するようになり，異性の友人とも交流を持つようになります。サリヴァン（Sullivan, H.S.,1953／1976）は，同性の特定の1人の友達に対する親密欲求，すなわち，チャムを得ることが，青年前期の課題である異性との友人関係の形成に重要であるとしています。

　具体例を見てみましょう。日本性教育協会（2013）は中学生，高校生，大学生に友人の多さを尋ねる質問をしています。例として男子の結果を示します（図3－2）。学校段階が上がるにつれて「たくさんいる」から「数人いる」へ移行しているのが分かります。児童期から青年期にかけて，たくさんの友達との交流から，自分と気があう数人の友達との交流へと移行しているといえます。ギャングエイジからチャムシップへの移行を支持する結果です。

第3講 発達課題を意識する（児童期・思春期・青年期）　29

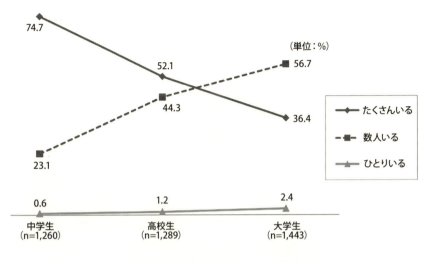

図3-2　友人の多さについて（男子）

注1）他の選択肢には「いないのでほしい」「いないが，とくにほしいと思わない」があった。しかし，どの学校段階でも上記の3つの選択肢の合計だけで95％を超えていたためこれら三つの選択肢のみで図を作成した。
注2）下記の出典をもとにして筆者が作図。
出典：日本性教育協会（編）2013『「若者の性」白書－第7回 青少年の性行動全国調査報告－』小学館

　また，親子関係にも変化が見られます。「青年期前期頃に生じる，親からの心理的自立の試み，あるいは情緒的自律性の獲得」のことを心理的離乳（psychological weaning）と言います。親への反抗や親との葛藤などにより，青年は一時的に生活が不安定になることがありますが，それを通して親と最適な心理的な距離を見つけると言われています。
　深谷（2004）は中学生に対して「親にしてほしいと思うこと」を尋ねています（図3-3）。「『勉強，勉強』と言わないでほしい」「あまり干渉しないでほしい」「早く子離れしてほしい」と思う中学生が多いことが分かります。ここからは親と一定の距離を取りたいという願望が見て取れます。一方で，「できる限り，手作りの夕食を用意してほしい」「帰宅したとき，いてほしい」と思う中学生が一定数見られることも分かります。ここからは親と近づきたいと

いう願望も見て取れます。全体的には，親との距離の取り方について葛藤する青年像を表していると解釈できるかもしれません。

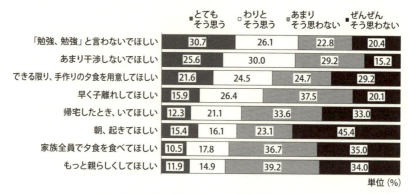

図3-3 親にしてほしいと思うこと

注）以下の出典をもとに筆者が作図
出典：深谷昌志（監修）2004「中学生にとっての家族－依存と自立の間で－」『モノグラフ・中学生の世界』77 ベネッセ未来教育センター

6．発達課題

「発達のそれぞれの段階において，解決しておくべき心理社会的な課題」を発達課題（developmental task）といいます。ハヴィガースト（Havighurst, R.J., 1953／1995）は，発達課題が，1）身体的成熟，2）個人に対する文化的過程の圧力，3）人格の欲求，抱負，価値観の3点から生じてくると述べています。児童期から青年期にかけて身体的な成長が見られることはすでに述べました。成熟する主体は児童や生徒ですが，当人の意図とは無関係に，一方向的に，成熟が進むケースもあります。当人は子どものままでいたくても，身体が大人に近づけば，周りからは児童期というよりは青年期に近い対応をされることもあります。1）や2）は必ずしも当人の意図が勢力を持たないともいえます。それに対して，3）は人格や自我と関わるものです。青年期において職業選択の準備や人生観を形成することなどが該当します。これに関連するものとして，青年期のアイデンティティについて説明します。

7. 青年期のアイデンティティ

　青年期とは，内的統一感としてのアイデンティティが混乱する時期と言われることがあります。エリクソン（Erikson, E.H., 1950／1977）はアイデンティティ（自我同一性）について，以下のように述べています。

　　自我同一性の観念は，過去において準備された内的な斉一性と連続性とが，他人に対する自分の存在の意味 ── 「職業」という実態的な契約に明示されているような自分の存在の意味── の斉一性と連続性に一致すると思う自信の積み重ねである（p336）

　斉一性には「私は他の誰とも違う存在である」というニュアンスが，連続性には，「いままでの私もずっと私であり，いまの私も，そしてこれからの私もずっと私であり続ける」というニュアンスがあります。斉一性と連続性とは，いわば"空間と時間"です。空間的比較，時間的比較が含まれています。また，一人で完結できるものではなく，他者との関わりを通じて，「一致すると思う自信の積み重ね」がなされるものでもあります。
　そのためには，モラトリアム（moratorium）が必要です。もともとは経済学用語であり，災害などの非常時に債務の支払を猶予したり，その猶予期間のことを指していましたが，エリクソンはモラトリアムが青年期の特質を示すと考えました。就職などによって労働を社会に支払うことを猶予されている状態を指します。青年はアルバイト，インターンシップ，サークル活動を通して，さまざまな役割を一時的に演じてみることができます。合うものと合わないものを選別したり，十分に解決し切れなかった心理社会的危機に改めて挑戦することができます。社会がこの期間を提供するのは重要なことです。

グループワークのテーマ
　以下に続く文章を作成してください。
・今までの私にとって大切だったことは＿＿＿＿＿＿

・今の私にとって大切なことは＿＿＿＿＿＿＿＿

・これからの私にとって大切なことは＿＿＿＿＿＿＿

Q1：あなた自身は，「いままでの私」「今の私」「これからの私」について，
　　つながりがあると思いましたか。思いませんでしたか。

Q2：近くの人とグループになり，Q1の回答を発表し合ってください。あな
　　たの回答は，他の人とは違うものでしたか。似たようなものでしたか。

Q3：Q1，Q2をやってみて気づいたことを共有し合ってください。

【第3講の参考文献】

インターチャネル・ホロン　2003　『シェイクスピア大全 CD-ROM版』

久世敏雄・斎藤耕二（監修）　2000　『青年心理学事典』　福村出版

澤田昭（著）／前田嘉明（編）　1982　『現代青少年の発達加速：発達加速現象の研究』
　　創元社

中島義明・安藤清志・子安増生・坂野雄二・繁桝算男・立花政夫・箱田裕司（編）1999
　　『心理学辞典』　有斐閣

日本性教育協会（編）　2013　『「若者の性」白書－第7回 青少年の性行動全国調査報告
　　－』　小学館

深谷昌志（監修）　2004　「中学生にとっての家族－依存と自立の間で－『モノグラフ・
　　中学生の世界』77　ベネッセ未来教育センター.

文部科学省　2001　『思春期の子どもと向き合うために』　ぎょうせい

文部科学省　2017　『学校保健統計調査－平成28年度（確定値）』

リチャード・エヴァンズ（著）／宇津木保（翻訳）　1975　『ピアジェとの対話（誠信ピ
　　アジェ選書3）』　誠信書房.

Erikson, E.H. 1950 Childhood and society. New York：W.W.Noton.（仁科弥生訳
　　1977　『幼児期と社会1』　みすず書房）

R・J・ハヴィガースト（著）／荘司雅子（監訳）　1995　『人間の発達課題と教育』　玉
　　川大学出版部

Sullivan, H.S.1953 Conceptions of modern psychiatry, W.W.Norton, New York
　　（中井久夫・山口隆訳　1976　『現代精神医学の概念』　みすず書房）

33

第4講 未来志向・解決志向で問題に対処する
～問題行動のシグナルとその意味・影響

1．話しやすい雰囲気を作る，受容・傾聴・共感的理解をする

　児童・生徒が問題の萌芽を語ってくれたり，問題の解決を見つけたりするためには，「教員に正直に言える」「友人に正直に言える」「クラスに正直に言える」雰囲気である必要があります。また話した時に，その話を中断されることなく教員や友人がしっかりじっくり聞いてくれる（受容・傾聴・共感的理解）ことが重要になってきます。児童・生徒の話は，最初のうちは論理立っていないかもしれませんし，感情的で支離滅裂かもしれません。相手のほうを見て話を聞くだけでなく，うなずいたり反応したり，時には質問や確認をすることも必要になってきます。単にいきなり「アドバイスを言う・解決方法を伝える」のではなく，まずは本人の感情や思考をしっかり受け止めた上で，それが当の本人に納得のいくアドバイス，あるいは当の本人が口にする解決方法でなければいけません。そのためには相手の感情や思考をしっかり受け止めるべく，十分に相手の感情や思考を把握・理解できるように「相手の話を深く聞く」「聞いたことを確認し，お互いの共通理解にする」訓練が必要になってきます。

グループワークのテーマ
「あなたはどういう先生なら話しやすいと思いますか。どういう姿勢・聞き
　方・質問をすると良いでしょうか」
「実際に隣の人の趣味や興味について語ってもらいましょう。話しやすい姿勢
　や態度，反応とはどういうものか，グループで議論してみましょう」
「話しやすい雰囲気とはどういうものか，どういう人になら話したいと思うか，
　グループで議論してみましょう」

2．問題行動のシグナルと意味

　教員との一定の信頼関係を踏まえて，児童・生徒が自ら（あるいはその児童・生徒の友人である児童・生徒から）教員に対して直接「問題」の申し出がある場合ももちろんありますが，心の問題を抱える児童・生徒が具体的に「自分には問題がある」と直接言葉で訴えることができないことも少なくありません。心の問題をきっかけとして何らかの物理的問題（不登校やひきこもりやいじめに限らず，癇癪や感情の爆発，友人関係の乱れ，不規則な行動など）が起こることで，ようやく気づくことも多いでしょう。

　第1講で説明したとおり，問題を早めに把握し解決するに当たっては，「小さなきっかけ（≒変化）」に気づくことが重要です。休みがちになる／伏し目がちになる，遅刻が増える／忘れものが増える／無気力になる，学力・点数が急に落ちる／発言が減る，服装や持ち物が汚れている／同じ服が続く／服装や髪型が変わる，常に空腹である，友達や教員との衝突が増える，感情の起伏が激しい／感情がない／空回りしている／やけに騒がしい／泣きわめく，おどおどする・ビクビクする・きょろきょろする，いつも会話している友人と会話していない，いつもと違う友人と群れているなど，大きな問題が起こる前に「普段と違う言動・行動」をしっかり観察していくことが必要です。また変化だけでなく「会話していない」「情報が一方的」「雰囲気が固い／暗い」など自分自身が「気になる点」にも目を向けておくことが大切です。

　それはある意味，児童・生徒の「言葉にならない声」「言葉にできないが，分かって欲しい／伝わって欲しい思い」なのかもしれません。そうした児童・生徒の「言葉にならない声」を学級担任だけでなくチーム学校で（あるいは保護者や地域も含めて）耳をそばだてて聴く／感じる努力が重要だと考えています。

3．原因志向から解決志向へ

　なぜ原因志向ではなく解決志向をお薦めするのか。簡単に言えば，そのほうが問題の悪化が少ないからです。機械の故障などの場合は因果関係が明確で，

故障を直せばもとどおり機械が動きますが，人間関係は複雑です。A君とB君が喧嘩したとして，それはA君の虫の居所が悪かったからかもしれませんし，周囲に止める人がいなかったからかもしれません。あるいはB君は前々からA君を快く思っていなかったのかもしれませんし，A君の虫の居所は朝母親に怒られたことに由来するかもしれません。実は過去の原因探しは，ややもすると原因の押し付け合い，責任のなすりつけ合いにもなりかねません。教員の立場で問題の原因を特定することは，当事者（児童・生徒）の強い抵抗を生むこともあります。

　そこで目標設定を変えて「問題（例えば喧嘩）が起こらずに済む条件（未来）を探す」のです。今回は問題（喧嘩）が起こったが，「どこかで条件が変わっていれば，問題（喧嘩）は起こらなかった」ことでしょう。これまでは問題（喧嘩）が起きていなかったことのほうが多かったことを考えると，むしろ問題（喧嘩）が起きたことのほうが例外と言えるかもしれません。「なぜ問題（喧嘩）が起きたか」を考えることが悪いわけではありませんが，「なぜこれまで問題（喧嘩）が起きなかったか」を考えたほうが「今後とも問題（喧嘩）を起こさない方法」に早く辿り着きそうです。A君の中にもB君の中にも「問題（喧嘩）を起こす要因」もあれば「問題（喧嘩）を起こさない資源」も眠っています。「問題（喧嘩）を起こさない資源」に注目したほうが，教員も児童・生徒にしても，責めたり責められたりせず（このため抵抗も少なく），前向きに考えられます。「距離を置く」「我慢する」「間に第三者に入ってもらう」など「問題を起こさない方法」は実はたくさんあるのです。どうしても問題の原因を掘り下げたい場合は，まずは問題解決の方法を見つけてから「原因探し」をしたほうが障害は少ないかも知れません。

4．解決志向アプローチについて

　解決志向アプローチでは，問題の原因を探すよりも，まず未来の解決像（将来どうなればいいか）をイメージしてゴールを定めます（森・黒沢，2002）。前項のとおり，例えば学校で荒れる生徒がいたとして，荒れた家庭に根本的な原因があると分かったとしても，原因である家庭問題が直ちに解決するわけで

はありません。すなわち問題の原因が分かっても，問題が解決に至るとは限らないのです。一方で，彼が「職人になりたい」などの将来の目標を見つけたり，信頼できる先輩や友人を獲得する（安心できる居場所を確保する）ことができれば，問題の原因（家庭問題）とは関係なく，彼は学校で荒れなくなるかもしれません。

　このように，そもそも問題の原因と問題の解決は，直線的に繋がっているとは限らないのであり，特に人間生活においては原因究明よりも解決志向のほうが効果的・効率的に問題が解決しやすいのです。

　解決志向アプローチでゴールを設定する際には，①ゴールは大きなものではなく，小さなものであること，②抽象的なものではなく，具体的な，できれば行動の形で記述されていること，③否定形ではなく，肯定形で語られていること，が求められます。そしてその方向性の中で，解決に向けての質問を進めていくのです（森・黒沢，2002）。具体的で肯定的であるからこそ，児童・生徒も自身が選択した変化・行動を受け入れやすいと言えるでしょう。学校で荒れる生徒に対して，「荒れるな」と怒るのではなくて「どんな将来にしたい？」「どんな居場所があるといい？」と質問していくのです。

　そのために解決志向アプローチでは，問題が起こっていなかった時を探す「例外探し」や差異を探す「スケーリング」などの技法が用いられます。例えばスケーリングで言えば，昨日と今日でイライラ度が10段階で2違ったら「どうして2違うのか」を確認していきます。その2単位をもたらすものが明確にできれば，イライラへの対処方法もある程度つかめたことになるでしょう。またイライラ度が昨日今日で違わずとも「どうすれば1改善すると思うか」と問う方法もあります。同様の技法として「治療前変化の確認」があります。多くのクライエントは相談前に何かしらの「良き変化」を経験しています。「もし問題が解決していたら，どうなっていますか」と，改善した具体的な未来像を先に考える「ミラクルクエスチョン」という技法も用いられています。例えば「（問題が解決したら）イライラせずに1人で買い物に行くと思います」というような回答があった場合，それが即ち解決後の姿（あるべき未来の姿）です。その姿を実現するために，これから何をすればいいか（例えば「1人で買い物に行くことを目標にする」）を考えればよいことになります。

解決志向アプローチでは宿題（課題）を出すことも行われます。「例外を見つけてくる」であるとか「例外をもっとやってみる」「問題が起こる状況を予想してみる」などの課題です。これらによりクライエントは状況をコントロールすることに成功感を覚え，自ら問題に対処できるようになっていくと考えられます。こうした宿題を出す技法は，単なる傾聴よりも教育的アプローチに親和的です。児童・生徒と毎日会う教員だからこそ，その実行も変化も逐次確認することができます。変化する児童・生徒を日々承認（コンプリメント）することができます。

解決志向アプローチでは「問題の原因を探さない」「本人の責任としない」ため，クライエントに変化への抵抗が起こりづらいというメリットがあります。またクライエントの言葉を待つ「傾聴」ではなく，クライエントの責任を問わずに例外・差異探しの質問をしていくことで，早期にクライエントの前向きな言葉を引き出しやすいという特徴があります。引き出された言葉はあくまでクライエントのものであるため，クライエントも納得しやすく，行動化しやすいのです。問題が早期に変化（解決）することが期待される教育分野でこそ，効果的で効率的な技法と言えましょう。

また「例外探し」などの質問も構造化されているため，教員にとって覚えやすく，実践しやすいという特徴を持ちます。多忙な教員にとって，複雑なカウンセリング技法を覚えることなく，構造的な質問を覚えるだけで実践できるのはメリットだと考えられます。もし例外や差異が見つからなくても，「今と違うことをしてみる」というルールがあるため，新たな解決方法が見つけやすいという特徴もあります。うまくいかなければ（クライエントを非難することなく）また新たな行動を取るよう支援すればいいのです。新たな解決方法が教員にも当の児童・生徒にも思いつかない場合，周囲の教員や保護者などにも聞いてみるとよいでしょう。

グループワークのテーマ

「あなたが今，自信がないことについて，10段階で今の自信を表してください。また10段階でいくつになれば，まがりなりにも行動・実行できると思いますか。その段階に至るためには，これから何をすればいいと思いますか」

「あなたが今，自信がないことについて，過去に「自信があった時・場面」あるいは少なくとも「自信がないと感じていなかった時・場面」（例外）を思い出してみましょう」

※今コミュニケーションに自信がないという人も，多くの場合，家族や親友との関係では，あるいは小さい頃には「自信がない」とは思っていなかったのではないでしょうか。

「上記２つのワークをやってみて，「自信がないからできない／やらない」という考え方への認識はどのように変化しましたか。グループで議論してみましょう」

5．解決志向アプローチの実際

　「プロ野球中継を見ていて，贔屓の球団が負けると『お前のせいだ』と酔って絡む夫に悩む妻は，どう解決すればよいのか」という例題について考えてみましょう。

　例えば上記の例外探し・差異探しで「負けた時はいつも機嫌が悪い」，しかし「贔屓の球団の勝ち負けに関係なく，機嫌のいい時悪い時」という質問では「美味しい食事を食べている時」と回答があったとしましょう。そこから「贔屓の球団が負けそうになったら，ビールとおいしいおつまみを追加で出す」という解決方法が想定されるかもしれません。

　また「違うことをやってみる」という観点からは，「贔屓の球団が負けそうになったら，その場から立ち去る（例えば実家に帰る）」「絡まれたら，我慢せずに文句を言ってみる／泣いてみる」等の解決方法も示すことができるかもしれません。どれを行うかは本人が決めればいい話ですが，実際の事例では本人は特にどれと決めずとも「他の選択肢がある」ということに気づいただけで，納得されていたようでした。

　また同内容についてある日の学生の講義でお題として出したところ，学生からは「一緒にチームを応援する（夫の攻撃相手にならないようにする）」「別のチームを応援して，そのチームが負けたら妻のほうが夫に絡んでみる（絡まれたらどう思うか，夫にも味わってもらう）」「テレビを消す」などの解決方

法も示されました。複数のメンバーで議論することで「いつも自分が行っている解決方法以外にも，別の解決方法がある」ことに気づくはずです。

グループワークのテーマ

「贔屓の球団が負けると『お前のせいだ』と絡む夫に悩む妻は，どう問題を解決すれば良いのか」：グループメンバー1人1人が，どういう解決方法があるか発言していきましょう。他の人の発言を聞いて，他に解決方法がないかどんどん意見を出していきましょう。まずはたくさんの意見を出し，出てきた意見からより効果的と思われる解決方法について議論してみましょう」

「妻が出勤ギリギリにならないとワイシャツにアイロンをかけてくれないと悩む夫は，どう問題を解決すれば良いのか」：同様にグループメンバー1人1人が，どういう解決方法があるか発言していきましょう。他の人の発言を聞いて，他に解決方法がないかどんどん意見を出していきましょう。まずはたくさんの意見を出し，出てきた意見からより効果的と思われる解決方法について議論してみましょう」

「解決しなくとも問題にならない日常生活の些細な問題について，グループメンバーの1人から提示してもらい，みんなで問題解決について考えてみましょう」

6. その他の技法 〜ナラティブ・セラピーからの示唆

ナラティブ・セラピーでは「その行動の意味・影響」を深く考えていきます。例えばAちゃんとBちゃんが喧嘩して，Aちゃんが「学校に行きたくない」と言い出したとします。Aちゃんに対して「学校に行かないこと（あるいは行くこと）にはどんな意味があるのか」あるいは「学校に行かないこと（あるいは行くこと）はあなたにどんな影響をもたらすか」と聞きます。そうすると「Bちゃんに合いたくないので『学校に行きたくない』と言ったが，学校に行かないと勉強が進まないし，先生にも申し訳ない。他の友達にも会えなくなるし，お母さんも心配する」と語ってくれるかもしれません。Bちゃんと喧嘩した意味や影響について聞く方法もあるでしょう。そうすると「これまでもBち

ゃんは自分の主張を無理にでも通そうとするところがあった。とても親しいので，今までは我慢していたが，おかしいときはおかしいと言いたい」というように語ってくれるかもしれません。そこからBちゃんとの関係について改めて考え，関係を改善したり，距離を考えたりするようになるかもしれません。大切なのは「何が起こったか」のほうではなく，「その出来事を踏まえて，未来をどうしたいか」ということなのです。

　こうした解決志向アプローチの「解決」とは，カウンセラーが解決を判断するのではなく，児童・生徒自らに「その行為・行動の意味・影響」を語ってもらうことで，自分自身の価値観・人生観を整理していく技法です。

グループワークのテーマ

「AちゃんはBちゃんとケンカして「（Bちゃんに会いたくないから）学校に
　行きたくない」と言い出しました。ナラティブ・セラピーの視点からAちゃ
　んに質問するとしたら，どんな質問が考えられますか？　Aちゃんはそれに
　対しどんな回答をすると思いますか？」
「あなたが教育相談を学ぶことには，どんな意味がありますか？　あなたの人
　生にどんな影響があると思いますか？

7. まとめ：効果と課題

　解決志向アプローチやナラティブ・セラピーの技法により，効果的・効率的に短時間で問題は解決しやすくなります。しかし一方で「荒れた家庭」「家庭の不和」のような問題が直ちに解消するわけではなく，従来からのような「支持的・長期的なカウンセリング」（受容・傾聴・共感的理解）あるいは日常生活での支持的・長期的な支援（見守りや声かけ）が必要になる場合も多く見受けられます。解決志向アプローチやナラティブ・セラピーだけに固執することなく（短期の問題解決のみに固執せず），児童・生徒1人1人の置かれた状況に応じ，適切なタイミングで適切な対応を行っていくことが重要です。

グループワークのテーマ

「問題の原因を探さずに問題が解決できるか，どうすれば問題の原因を突き詰めずに問題が解決できるか，問題の解決とはどういうことか，グループで話し合ってみましょう。」

「ただちに解決しない問題についてはどういう対応があり得るか，具体的な問題をイメージしながら，グループで議論してみましょう」

【第4講の参考文献】

森俊夫　2000　『先生のためのやさしいブリーフセラピー』　ほんの森出版

森俊夫　2001　『"問題行動の意味"にこだわるより"解決志向"で行こう』　ほんの森出版

森俊夫・黒沢幸子　2002　『解決志向ブリーフセラピー』　ほんの森出版

若島孔文・生田倫子・吉田克彦　2006　『教師のためのブリーフセラピー』　アルテ

渡部昌平（編）　2018（予定）　『グループ・キャリア・カウンセリング』　川島書店

コラム 妻がＹシャツにアイロンをかけてくれない

　この事例では，議論開始前から「自分でかければいいのでは」「ノーアイロンシャツにすれば」「自分でクリーニング屋に持っていけば」などの異論が続出しました。そうはいっても当事者は専業主婦の妻にＹシャツにアイロンを掛けて欲しい，そういう条件で議論を続けることにしました。

　そうすると「アイロンをかけてもらう代わりに，皿洗いなど別の家事を負担する」「アイロンを含む普段の家事に，感謝の意を表明する」「前日のうちにアイロンを頼んでおく」など，いろいろな意見が出てきました。他にも「アイロンが要らないポロシャツ等に切り替える」とか「洗い替えのＹシャツをたくさん用意しておく」などのアイデアも出てきました。「忘れないように家中に「アイロン」と書いた紙を貼っておく」という方法でもいいでしょうし，「アイロンに普段の感謝への手紙とお礼のプレゼントを貼り付けておく」という方法でもいいでしょう。

　このように解決方法は１つではなく，また相手を責めることだけが解決方法ではありません。自分と相手との関係の中で，自分ができることをし，相手ができることを引き出していく方法もあるのです。「みんなで楽しく解決方法を探す」ことで，日常生活で１人で悩んでいることが，解決しやすくなるでしょう。

第5講　個別問題を学ぶ
～不登校，ひきこもり，発達障害など

1．イントロダクション

　教育相談では個別問題を扱うことがあります。不登校，ひきこもり，発達障害などはその例です。これらは，児童および生徒の不適応や問題行動と関連が見られることもあります。ここでは，不登校，ひきこもり，発達障害それぞれの諸特徴を中心に概観していきます。

2．不登校

（1）不登校の児童生徒数

　文部科学省の調査では，年度間に連続又は断続して30日以上欠席した児童生徒をカウントしています。その中で，不登校とは，「何らかの心理的，情緒的，身体的，あるいは社会的要因・背景により，児童生徒が登校しないあるいはしたくともできない状況にある者（ただし，「病気」や「経済的理由」による者を除く。）」としています。文部科学省の『平成27年度「児童生徒の問題行動等生徒指導上の諸問題に関する調査」（確定値）』（2017年）によれば，不登校児童生徒数は，小学校27,583人，中学校98,408人でした。不登校は小学生よりも中学生に多いことが分かります。また，在籍者数に占める割合は小学校0.42％，中学校2.83％であり，全体では1.26％でした。

（2）不登校の理由

　不登校の理由にはどのような要因があるのでしょうか。不登校の研究では，不登校の発生理由と，不登校の継続理由を分けて捉えるという視点があります。文部科学省の『「不登校に関する実態調査」～平成18年度不登校生徒に関する追跡調査報告書～概要版）』（2014年）では，中3の時に不登校状態であった

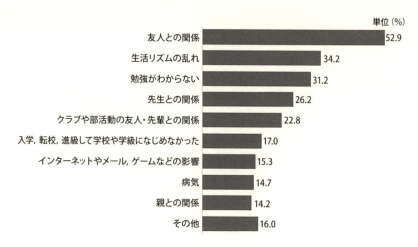

図5-1　学校を休みはじめたきっかけ

注）出典より筆者が作図。出典：文部科学省　2014　『「不登校に関する実態調査」～平成18年度不登校生徒に関する追跡調査報告書～概要版）』

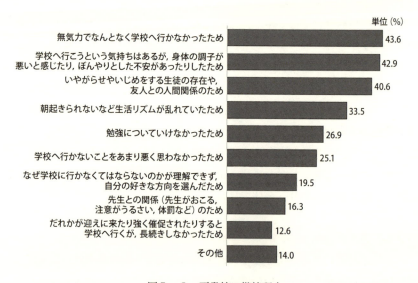

図5-2　不登校の継続理由

注）出典より筆者が作図。出典：文部科学省　2014　『「不登校に関する実態調査」～平成18年度不登校生徒に関する追跡調査報告書～概要版）』

第5講　個別問題を学ぶ～不登校, ひきこもり, 発達障害など　　*45*

人を対象にした調査を実施しています。同調査より, 不登校の発生理由（学校を休みはじめたきっかけ）で上位を占めた項目を図5－1に, 不登校の継続理由で上位を占めた項目を図5－2に示します。不登校の背景には社会的状況や心身の健康など多様な要因があることが分かります。

3. ひきこもり

（1）ひきこもりの定義

　厚生労働省の『ひきこもりの評価・支援に関するガイドライン』（2010年）では, ひきこもりについて「様々な要因の結果として社会参加（義務教育を含む就学, 非常勤を含む就労, 家庭外での交遊など）を回避し, 原則的には6ヵ月以上にわたって概ね家庭にとどまり続けている状態（他者と交わらないで外出をしてもよい）を指す現象概念」と説明しています。

グループワークのテーマ

「あなたが「ひきこもり」からイメージすることを単語や絵であらわしてください」
「書き出したあとに近くの人と共有してください。どのような特徴がありますか」

（2）ひきこもり状態にある人の特徴

　伊藤順一郎らによる『「社会的ひきこもり」に関する相談・援助状況実態調査報告（ガイドライン公開版）』（2003年）では, 保健所および精神保健福祉センターに対してひきこもりの調査を実施しています。この調査で明らかになったひきこもりを呈している本人の特徴は下記のような点があります。

- 男性が76.4％, 女性が22.9％
- 平均年齢は26.7歳。10代後半から20代が中心。36歳以上の人も1割近い。
- 最初の問題発生時の平均年齢は20.4歳
- 不登校経験がある事例は, 「小学校」11.4％, 「中学校」31.6％, 「高等学校」33.0％
- 援助開始時点の活動範囲は「外出可能」40.8％, 「条件付外出可能」20.9％, 「外出不可能で家庭内では自由」17.0％, 「自室で閉じこもっている」9.7％,

「友人とのつきあい・地域への活動には参加」9.2%

・就労・アルバイト経験については，「経験あり」が53.1%

　冒頭のワークでは，「ひきこもり」についてイメージしてもらいました。上記の特徴とは，どれぐらい一致したでしょうか。ワークで表現された「ひきこもり」の性別や年齢はどうでしたか。また，周りの背景には何が描かれていたでしょうか。

　上記の特徴を見ると，事例の平均年齢は26.7歳でした。この年齢からは，学校との関わりがないというよりも，社会との関わりがないと思うかもしれません。しかし，最初の問題発生時の平均年齢は20.4歳であり，平均上では，問題発生から4年近くのズレがあることには注意が必要です。また，小中高の不登校経験が一定程度見られることからも，ひきこもりの問題は，学校における教育相談と無関係ではなさそうです。

　また，援助開始時点で自室への閉じこもり状態は9.7%でした。外出可能は，条件付のものを含めれば6割近くでした。就労・アルバイト経験がある人は半数以上でした。ひきこもりには多様性が見られることも分かります。また，自室の閉じこもり状態が終われば，ひきこもりの問題が解決したとは限らないということも分かります。

（3）ひきこもり支援から若者自立支援へ

　伊藤順一郎らによる調査では，ほぼすべての保健所，精神保健福祉センターで「家族の個別来所相談」「本人の個別来所相談」「電話相談」などが実施されていました。初回の相談については，直接来談52.4%，電話相談42.1%であり，来所相談の経路は，家族からのものが最も多く（合計72.2%），本人からの相談は少ない（6.6%）ことも示されています。ひきこもり支援では家族相談から始まり，その後に本人の相談へとつながるケースもあります。ひきこもり支援のひとつの特徴として，いかにして相談が始められる状態にするのかに注力していることが分かります。

　加藤（2015）は，ひきこもりの支援には，2つの段階があるとしています。「自宅や自室にひきこもる状態からの脱却」を目指す段階と「ひきこもった後

第5講　個別問題を学ぶ～不登校, ひきこもり, 発達障害など　　*47*

に社会に参加し続けること」を目指す段階です。前者は一部の人が経験する特別な事例, いわば, 臨床心理学的な問題です。後者は, 社会に参加するという意味では, 一般的な青年期の課題であり, いわば, 発達心理学的な問題です。「ひきこもり支援」という用語では, 前者がイメージされやすく, 後者はイメージしにくいと思います。後者も含めたものについて, 近年では「若者自立支援」（または「若者支援」）という用語が使われています。内閣府の『ユースアドバイザー養成プログラム（改訂版）』(2010年) は下記のように述べています。

　　「若者自立支援には, 発見（来所）－ 参加 － 出口の三つのステップがある。支援現場は入口（早期発見と誘導）及び出口（就職またはその他の社会参加）の両方で多くの課題を抱えている。」

また, 無業者およびニート対策の基本的提言をした工藤 (2004) は, 以下の3点が重要な課題であることを示しています。

①『参加』を経由した『自立』への道筋の確立
②『参加』への意欲と認識の低いニートをいかに『場』へと誘導するのか。
　その道筋の確立
③『自立』に至る長期的時間をいかに確保し得るか

両者は使用している用語は異なりますが, 3つのステップに分類していることは共通しています。そこで, 本書では下記のように分類して若者自立支援をとらえたいと思います。

1）発見・誘導（アウトリーチ, 保護者対応など）
2）参加（当事者の居場所事業など）
3）自立（職業的自立, 社会参加活動）

「1）発見・誘導」は, どこにその支援対象者がいるのかを把握し, その対

象者を支援機関につなぐことを意味します。アウトリーチと呼ばれることがあります。上述したように，ひきこもり支援では，本人が最初に来所することは稀であり，その多くは家族からの相談がファーストステップになります。また，当然のことながら，教育相談の一環として学校と支援機関が連携することもあります。このことについては第10講で扱います。

「2）参加」とは，ひきこもり状態からの回復期にある青少年が居場所で社会参加の準備を整えることなどがあてはまります。規則正しい生活を続けること，利用者同士での共同作業やグループワークをすること，地域の人たちとのふれあいがある場に参加することなどが含まれます。若者の状態に合わせた多様なメニューが必要であるといわれています。

「3）自立」とは，職業的自立，社会参加などが含まれます。職業的自立を目指すケースでも，採用面接に合格した段階や，初日に何事もなく勤務ができた段階ですぐに支援が終了になるとは限りません。その後すぐに辞めてしまうケースもあるためです。働き続けられるように，就職後も一定の期間はアフターフォローを実施している支援機関もあります。また，複合的に困難な条件がある若者の場合は，社会に参加するためのサポートが特に必要です。

（4）まず必要なのは「安心」と「共感」

話をひきこもりに戻します。斎藤・畠中（2012）は，マズローの欲求五段階説を引用しながら，ひきこもりの当事者に必要なのはまず安心と共感であることを強調しています。

　当事者の多くは，「食べるために働く」という動機づけをリアルに感じることができません。その是非を問うても仕方のないことです。彼らに社会参加を促そうというのなら，むしろ「他者からの承認」という動機づけに誘導する方がはるかに効果的でしょう。
　心理学者アブラハム・マズローの欲求五段階説に基づいて考えるならば，まず生理的欲求（「食べていけること」など），安全欲求（「批判・非難されないこと」など），関係欲求（「孤立しないこと，家族関係の安定」など）が満たされて，はじめて承認欲求を追求しようという気持ちが芽生えて

きます。ちょうど「衣食足りて礼節を知る」という故事成語と同じような意味ですね。生理・安全・関係それぞれの欲求を家族が満たしてあげなければ，承認欲求≒就労動機につながらないのです（p13〜14）。

グループワークのテーマ
「あなたが安心・共感できる場はどんな場でしょうか」
「学級（クラス）が安心・共感できる場になるために，教員は何ができるでしょうか」

4．発達障害

（1）発達障害の定義

　発達障害をどのように定義するのか，また，どのような名称を用いるのかについては，いままでも議論が繰り返されてきました。ここでは，教育相談に関連した資料で引用されることの多い文部科学省の各種報告等および発達障害者支援法をもとにしていきます。

　文部科学省の『小・中学校におけるLD（学習障害），ADHD（注意欠陥／多動性障害），高機能自閉症の児童生徒への教育支援体制の整備のためのガイドライン（試案）』（2004年）では，それまでの各種報告等をまとめ，以下のようにLD（学習障害），ADHD（注意欠陥／多動性障害），高機能自閉症の定義を述べています。

　LD：
　　学習障害とは，基本的には全般的な知的発達に遅れはないが，聞く，話す，読む，書く，計算する又は推論する能力のうち特定のものの習得と使用に著しい困難を示す様々な状態を示すものである。学習障害は，その原因として，中枢神経系に何らかの機能障害があると推定されるが，視覚障害，聴覚障害，知的障害，情緒障害などの障害や，環境的な要因が直接的な原因となるものではない。

ADHD：

　ADHDとは，年齢あるいは発達に不釣り合いな注意力，及び／又は衝動性，多動性を特徴とする行動の障害で，社会的な活動や学業の機能に支障をきたすものである。また，7歳以前に現れ，その状態が継続し，中枢神経系に何らかの要因による機能不全があると推定される。

高機能自閉症：

　高機能自閉症とは，3歳位までに現れ，他人との社会的関係の形成の困難さ，言葉の発達の遅れ，興味や関心が狭く特定のものにこだわることを特徴とする行動の障害である自閉症のうち，知的発達の遅れを伴わないものをいう。また，中枢神経系に何らかの要因による機能不全があると推定される。

　そして，文部科学省（2004）は，以下のように，アスペルガー症候群や，広汎性発達障害について言及しています。

　なお，近年，アスペルガー症候群や，広汎性発達障害ということばを聞くことがあります。これらについて最終報告においては「アスペルガー症候群とは，知的発達の遅れを伴わず，かつ，自閉症の特徴のうち言葉の遅れを伴わないもの」「なお，高機能自閉症やアスペルガー症候群は，広汎性発達障害に分類されるもの」と示されています。

　なお，発達障害者支援法では，発達障害について，「自閉症，アスペルガー症候群その他の広汎性発達障害，学習障害，注意欠陥多動性障害その他これに類する脳機能の障害であってその症状が通常低年齢において発現するものとして政令で定めるものをいう」としています。

　文部科学省（2004）と発達障害者支援法で使用されている用語を比較してみると，高機能自閉症については，関連した用語が多いために混乱するかもしれません。近年では，さまざまな自閉症に関連した用語を包括して，自閉症スペクトラム障害または自閉スペクトラム症（ASD）と呼ぶことがあります。同

様に，学習障害については，限局性学習症または限局性学習障害（SLD）と，注意欠陥／多動性障害については，注意欠如・多動症または注意欠如・多動性障害（ADHD）と呼ぶことがあります。しかし，現場によっては，文部科学省（2004）の用語をそのまま使うこともあると思います。今のところは新名称と旧名称の両方をおさえておくのが良さそうです。

（2）発達障害の可能性のある特別な教育的支援を必要とする児童生徒の割合

　文部科学省の『通常の学級に在籍する発達障害の可能性のある特別な教育的支援を必要とする児童生徒に関する調査結果について』（2012年）によれば，知的発達に遅れはないものの学習面又は行動面で著しい困難を示すとされた児童生徒の割合は6.5％でした。この調査は非常に有名になり，新聞等でも調査結果が引用されることがあります。しかし，この6.5％という数字だけが過剰にクローズアップされ，いくつかの誤解につながっている可能性もあります。

　この調査では児童生徒の困難の状況として，①学習面（「聞く」「話す」「読む」「書く」「計算する」「推論する」），②行動面（「不注意」「多動性－衝動性」，③行動面（「対人関係やこだわり等」）を尋ねています。確かに，LD（学習障害），ADHD（注意欠如／多動性障害），高機能自閉症と対応するようにも見えます。しかし，この児童生徒の困難の状況についての調査は，担任教員が記入し，特別支援教育コーディネーターまたは教頭（副校長）による確認を経て提出した回答に基づくものであり，発達障害の専門家チームによる判断や，医師による診断によるものではありません。実際に「本調査の結果は，発達障害のある児童生徒数の割合を示すものではなく，発達障害の可能性のある特別な教育的支援を必要とする児童生徒の割合を示すことに留意する必要がある」と調査結果には明記されています。

　なお，文部科学省（2012）の調査は，それより前に同様の内容で調査が行われていました。文部科学省の「通常の学級に在籍する特別な教育的支援を必要とする児童生徒に関する全国実態調査」（2002年）です。この2つの調査が比較されることもあるため，6.3％から6.5％に増えたかのように見えてしまうかもしれません。しかし，文部科学省（2012）では，「対象地域，学校や児童生徒の抽出方法が異なることから，両調査について，「増えた」，「減った」とい

う単純な比較をすることはできないことに留意する必要がある」と明確に述べています。また，「学習面又は行動面で著しい困難を示すとされた児童生徒以外にも，困難があり，教育的支援を必要としている児童生徒がいる可能性がある」ことにも目を向けるべきであることも示しています。

【第5講の参考文献】

伊藤順一郎・吉田光爾・小林清香・野口博文・堀内健太郎・田村理奈・金井麻子　2003
『社会的ひきこもり」に関する相談・援助状況実態調査報告（ガイドライン公開版）』

加藤弘通　2005　「心理学はいかにしてひきこもりと出会うか？：心理学における〈実践性〉を捉えなおす契機として」『心理科学』25(1)，p1-11.

工藤定次　2004　「無業者・ニート対策の基本的提言」『日本労働研究雑誌』533，p1.

厚生労働省　2010　『ひきこもりの評価・支援に関するガイドライン』

斎藤環・畠中雅子　2012　『ひきこもりのライフプラン：「親亡き後」をどうするか』
岩波書店

内閣府　2010　『ユースアドバイザー養成プログラム（改訂版）』

文部科学省　2002　『「通常の学級に在籍する特別な教育的支援を必要とする児童生徒に関する全国実態調査」調査結果』（今後の特別支援教育の在り方について（最終報告）参考資料2，2003年3月）

文部科学省　2004　『小・中学校におけるLD（学習障害），ADHD（注意欠陥／多動性障害），高機能自閉症の児童生徒への教育支援体制の整備のためのガイドライン（試案）』

文部科学省　2012　『通常の学級に在籍する発達障害の可能性のある特別な教育的支援を必要とする児童生徒に関する調査結果について』

文部科学省　2014　『「不登校に関する実態調査」〜平成18年度不登校生徒に関する追跡調査報告書〜（概要版）』

文部科学省　2017　『平成27 年度「児童生徒の問題行動等生徒指導上の諸問題に関する調査」（確定値）』

第6講　集団生活に馴染む，ルールを維持する
〜維持したくなる集団とは

1. はじめに 〜児童・生徒が維持したくなる集団とは

　近年，多くの児童・生徒は「（数少ない）親しい友人との関係」は基本的に維持しますが，あまり親しくない人・苦手な人とはなかなか近づこうとしません。学校教育においては，席替えや班づくり，運動会や遠足などの集団行動を通じて新たな出会いや人間関係の形成を促しますが，形式的に終わってしまうことも少なくありません。サービス産業化やネットやスマホの進化により，「赤の他人と話す必要性」「知りあいに頼む必要性」はどんどん薄れてきています。家族や友人以外とのコミュニケーションが「面倒で，あまり意味のないこと」と捉えられがちになってきています。

　必ずしも親しくないクラスメイト同士が仲良くなるには，どんな方法があるでしょうか。「同じ目標に向かって同じ行動をする」（例えば体育でのチーム競技，チームで問題を解く，共同絵画・工作，さらには運動会や合唱コンクール，部活など）のほか「共通点を見つける」「興味深い相違点を見つける」などのアイスブレイク技法（グループワーク）が考えられます。成果を上げるために，皆で協力して努力し，一定の成果が上げられれば，その過程もその結果も，そしてその人間関係も，きっと満足いくものになるでしょう。

　学級集団が協力的で居心地の良いものになれば，成績も情緒も安定することが知られています。集団で行動する小学校・中学校・高等学校の学校生活は，ある意味で「いい人間関係を構築・維持する」練習にはもってこいのチャンスです。ホームルームのほか総合的学習の時間や道徳，その他教科教育の時間等も活用して，「良い学級集団」の形成を支援していくことが重要です。

グループワークのテーマ
　「班のメンバーの「全員の共通点」（例：全員が右利き，全員ディズニーラン

ドに行ったことがある，全員一人っ子など）を1分間でたくさん見つけてみ
ましょう」

「班のメンバーの「全員が違うこと」（例：A君は長男，B君は次男，Cさん
は三女など）を1分間でたくさん見つけてみましょう」

「"地域のいいところ"を1分間でたくさん言い合いましょう」

「"新聞のいろいろな使い道"について，1分間でブレインストーミングして
みましょう」

2．温かい言葉は大切だが ～集団を守るためには練習や厳しさも

　第2講のとおり，温かい言葉づかいは次の温かい言葉を呼び，循環していき
ます。相手を傷つける言葉は使わず，相手を褒めたり認めたりする言葉を主に
使っていくことは重要です。

　とはいえ，学級集団を守るためには時には禁止や叱咤あるいは断ることも必
要です。またコミュニケーションに関する知識・経験の付与も重要です。次項
以降で解説しますが，学級集団の状況を見ながら，例えばソーシャルスキルト
レーニングやアサーショントレーニングなどによって，挨拶するスキル，聴く
スキル，頼むスキル，断るスキルなどを練習・支援していく必要もあるでしょ
う。

グループワークのテーマ

「叱咤・激励する場合には，どんな言葉がありますか」

「あなたはこれまで誰の，どんな叱咤・激励の言葉で成長したと思いますか。
　叱咤・激励されて感謝していることを挙げてください」

「どういう時にははっきり断ったほうがいいと思いますか。あなたははっきり
　断ることが得意ですか」

「いい人間関係を構築・維持するためには，学級集団がどういう状態であると
　良いと思いますか。そのためにホームルーム担任ができることには，どんな
　ことがありますか」

3．好ましい人間関係を育てる

　教育相談の目的の1つとして「好ましい人間関係を育てる」というものがあります。最近は核家族化やネット化・スマホ化，近所づきあいの断絶が進み，「知らない人」「赤の他人」との接触が特に減少しています。遠い親戚や近所とのやりとりも，かなり減っているかもしれません。知らないこと・分からないことのほとんどはネットで検索できますし，商品もネットを通じて会話なしに購入できます。その結果，若者は「知らない人・親しくない人とは一切会話しない」ことも少なくありません。こうして知らない人・親しくない人と会話する経験がなくなった若者の多くは，いつまで経っても新しい出会いがない・人脈が広がらない・新しい友達が増えなくなりました。新しい知人や友人から「良い影響」「新しい文化や経験，刺激」を受ける機会も減ってしまいます。また衝突を恐れ，従来の友人関係の中でも「お互いに啓発する」「刺激を受ける」意欲も高くならなくなっているように感じています。

グループワークのテーマ

「家族や友達とはどんなふうに支え合っていますか。家族や友達に"されたこと"で嬉しかったことを挙げてみましょう」

「どんな人間関係が好ましいと思いますか」

「どうすれば人間関係が広がると思いますか」

「新しい知人・友人に良い影響を受けたことはありますか。それはどんなことですか」

「児童・生徒に好ましい人間関係を考えてもらうには，どういう場・タイミングがあり得ますか」

「児童・生徒の好ましい人間関係を育てるためには，どういう方法がありますか」

4．成長を促す（あるいは成長を振り返る）

　人間関係が希薄になり，家族や親しい友人としか話したことのない若者が増えています。そうでなくとも人間は「面倒なこと」「嫌なこと」「つらいこと」

は避けがちです。「コミュニケーションに自信がない」若者は，コミュニケーションを避けがちです。

　成長するためには，やったことがないことでも「新たに経験する」，最初はできなくとも「継続して練習・訓練をする」必要があります。成果が出るまでの間は楽しくなかったり，つらかったり，苦しかったりするかもしれません。しかし練習・訓練することで，下手だったことが上手くなったり，できなかったことができるようになったりすると，その努力が自信にもなります。積極性にせよ協調性にせよコミュニケーション力にせよ，社会では必要なものです。クラス集団での学校生活や委員会活動，部活あるいはお稽古ごとなどは周囲からの影響を受けて成長できる絶好のチャンスですが，一方でクラスの人数が少数でないために「遠慮する」「手を抜く」「悪い影響を受ける」場にもなりかねません。

　「今までの成長を振り返る」「昔できなかったが，今はできていること」「将来はどうなりたいか」など過去から現在・未来に向けた「成長」を考えてみるのも良い方法です。

グループワークのテーマ

「あなたはどんな時に成長しましたか。そのきっかけ（経験，タイミング，影響を受けた相手その他）は何でしたか？」

「練習や訓練をして"良かった"と思ったことはどんなことですか？　継続的に練習や訓練をして，どんなことができるようになりましたか？」

「成長するためには，児童・生徒にどんなきっかけを提供することができますか。その時の注意点は何ですか」

「どうすれば，"面倒くさい"という気持ちに負けずに成長のチャンスを掴むことができると思いますか。どうすれば"面倒くさい"を防ぐことができると思いますか」

5．ソーシャルスキルトレーニング

　ソーシャルスキルトレーニングで扱うスキルとして，

第6講　集団生活に馴染む，ルールを維持する〜維持したくなる集団とは　　57

・あいさつのスキル：良好な人間関係をつくる最初の一歩
・上手な聴き方スキル：人間関係をつくるうえで最も大事なスキル
・質問するスキル：正確な情報を手にすることで，見通しが持てる
・仲間の誘い方，入り方スキル：友人関係を広げる
・あたたかい言葉かけ：人間関係を深める
・やさしい頼み方：気持ちよく関係を保つ
・共感するスキル：相手と感情を分かち合い，親密な関係を維持する
・上手な断り方スキル：自分も相手も大切にする
・自分を守るスキル：精神的にも肉体的にも自分を大事な存在として扱う
などのスキルがあります。

　目的に応じて，児童・生徒を2人組あるいは4人組程度に分けて，実際の発言の順番・内容も指定し（できるだけ児童・生徒が迷わないように），場面も構造的にして（※具体的な発言内容を決めて），ワークをしていくとよいと思います。グループの人数があまりにも多いと，参加できない／しない児童・生徒が出てくるので，必要最小限の人数にしましょう。

　練習の際にはわざと悪いスキル（例えば聴き方スキルであれば「下を向いて反応しない」「スマホをいじりながら，聞いているか聞いていないか分からない態度を取る」「時計をチラチラ見てそわそわしている態度を取る」など）を実際にやらせてみて，それがいかに相手に悪い印象を与えるかというワークをやることも効果的だと思います。具体的に経験的に学んでいくことが効果的です。

　上手な聴き方のスキルとしては，「手を止めて，体ごと相手に向ける」「適切な距離で」「あいづちを打ちながら」など，具体的な行動を言葉とともに教員側が模範例を示していきます。その他，表情や姿勢・態度，視線，声のトーン・スピードなどを意識させたり，ため息や無言が相手に与えるメッセージについて議論させることも良いと思います。言語だけでなくノンバーバルな行動・行為も相手にメッセージを伝えるということを意識してもらいましょう。

　知らない人と話す機会が極端に少ない現代の児童・生徒に関しては，「会話を継続するスキル」も1つ1つ教えたほうがいいようにも感じています。共通に興味を持っていそうなこと（天気やスポーツ，テレビ，ゲーム，食事など）

を探して話す／事前に用意しておく，相手の話にうなづく／反応する／返事をする／共感する，「自己開示」をして自分の興味や趣味を話す，困っていることを伝える，嫌なことにNOと言うなどのスキルです。認め・褒める言葉，なぐさめる言葉，感謝する言葉，感動する言葉，ねぎらう言葉，見守る言葉，好きだよと伝える言葉，受け止める言葉は会話を継続させ，批判する言葉，非難する言葉，否定する言葉，嫌いだと伝える言葉などは会話を止める傾向にあることを，実際に練習してみて伝えるのも良いと思います。

　褒める場合には具体的に褒める，自分と比較したり他との優劣で褒めない，また，褒め言葉を受ける場合には過度に謙遜したり否定したりしない，率直に同意するということを伝えても良いかもしれません。いずれにせよ，一般論ではなく具体論として「実際に体験してみる」ことが重要です。頭では分かっていても，やったことがないものはできないものです。その機会を提供するのは，今や学校組織になってしまいました。

グループワークのテーマ

「2人組になって，挨拶・自己紹介をしてください。できるだけ相手に自分が
　分かるような内容を（好きな教科や頑張った部活などを，具体的に）伝えて
　ください。相手の紹介が終わったら，相手を理解するために質問したいこと
　を質問してみましょう」

※質問に対して答えたくないことには「答えない権利」があることも事前に確認しておいてください。

「2人組になって，会話を続ける練習をしてみましょう」

※教員・講師は1回ごとに具体的なテーマ（天気やニュース，好きな遊びや食べ物など）を呈示してあげてください。

「グループで，会話を続けるコツについて議論してみましょう」

「2人組で，1人が押し売り，1人が断る役となって練習してみましょう」

「ファシリテーター（指導者）役となって，他のグループメンバーにワークを
　指示してみましょう」

6．アサーショントレーニング

　アサーションとは「相手の主張を尊重しつつ，自身の主張を発する」（例えば「そういう意見もあると思いますが，私の意見はこうです」など）こと，ノンアサーティブ（＝非主張的）とは「自身の意見を押し殺し，他に合わせる」（例えば「（それは無理…）はい，検討します」など），アクティブ（＝攻撃的）とは「自分を中心に考え，自身の考えを主張する」（例えば「だってしょうがないじゃない，相手が悪いのよ…」「もう知らない！」など）とされています。相手の人格を否定せず自分の主張を言っていくために，アイ・メッセージ（※相手の否定から入るのではなく，自分は～と思う／考えるなどのメッセージ）が推奨されています。

　ところで，日常会話では基本的にアサーションな発言が良いとされますが，不当な要求には断固断るべき（アクティブ＝攻撃的）場合もあることから，「アクティブもできる（が使わない）」「選択肢の中から，普段はアサーティブな会話を選ぶ」という意識が大切だと考えています。カウンセリング（特に受容・傾聴・共感的理解）はノンアサーティブのように感じられるかもしれませんが，実際にはクライエントへの「確認」「質問」に加え必要に応じて「対決」もします。コミュニケーションの上では，アサーションとノンアサーティブとアクティブを必要に応じて「使い分けることができる」ことが重要です。どれか１つしか使えないのが問題だと考えています。

　アサーティブにものを頼む場合，「素直に頼む（要求を伝える）」ことが重要だと言われています。自分の要求と気持ちを相手に伝わるように伝える，（1）事実（2）感情（3）要求・提案の順に伝える，具体的に／現実的に／１回に１つずつ頼むのもコツのようです。その他，「私は～」のアイ・メッセージで語る（「あなたは～」で語らない）のもよいでしょう。

　特に相手の依頼を断る場合は注意が必要です。「相手の気分を害するのではないか」「自分の能力がないと思われるのではないか」と思うと，言い訳がましくなったり分かりにくかったり，あるいは逆にきつい言い方になったりするからです。本来の「NO」とは相手と自分に誠実だからこそ伝える言葉，相手と長く良い関係を築く言葉であり，アサーティブに断る場合には（1）NOの

的を絞る，（2）断る理由をシンプルにする，（3）ただし最後まで意志を伝える，（4）結論を急がないことが重要と言われています。相手と自分とは人間としてあくまで対等ですから，代替案を示すという方法もあります。近年，「衝突を恐れる」「嫌われるのを恐がる」若者も多いので，学校で具体的に断り方の練習することも良いかもしれません。

グループワークのテーマ

「家族の病気で急に帰省することになりました。相手が納得する理由をつけて１万円を貸してくれるよう，隣の人に頼んでみましょう。隣の人は理由をつけて断る練習をしてみましょう」

「家に押し売りが来ました。一方が押し売り役，一方は断る役になって練習してみましょう」

「児童が連絡帳を保護者に見せるのを忘れたのが原因なのに，保護者から「教員から連絡がなかった」と苦情が来た時の保護者への説明について，児童をなるべく責めないような説明方法を考えてみましょう。グループで議論して，どうすると保護者が納得しやすいか検討しましょう」

7．アンガーマネジメント

アンガーマネジメントで重要なことは，（1）怒り（イライラ）の感情は誰にでもあることを理解する，（2）怒り（イライラ）の感情を持っている時は，強い言動・行動に出がちであることを理解する，（3）「怒りを抑える」というよりも「怒りの感情があるときに自分はどうなるか」ということに気づくことが重要である，ということだと思います。それらを理解した上で，生理的反応への対応，認知反応への対応，向社会的判断力・行動力を学んでいくことが重要だと思います。

怒りは二次感情と言われます。怒りを引き起こすのは「不安」「つらい」「苦しい」「痛い」「嫌だ」「疲れた」「寂しい」「虚しい」「悲しい」などのネガティブな一次感情（例えば「自分が相手に理解・尊重されていない」「自分の意見が周囲に全く聞いてもらえていない」「期待した対応（サービス）が受けられ

なかった」など）であり，それが何らかのきっかけであふれ出すと「怒り」という二次感情に変化するとされます。こうした怒りを管理（マネジメント）して不適切な行動につなげないようにするのが，アンガーマネジメントという考え方です。

　具体的には（1）衝動のコントロール：怒りのピークは6秒間と言われているので，深呼吸をする（一呼吸置く），怒りの理由（中身）を言葉にする，怒りの度合いを10段階で表現するなどをして，一旦冷静になる時間を取る，（2）思考のコントロール：普段から自分の許容範囲（こうあるべき）・常識の幅を広げておく，（3）行動のコントロール：コントロールできないこと，変えられないこと，重要でないことは「受け入れる」（認める・諦める）練習をする，などについて学んでいきます。

　怒ることには，実はデメリットだけでなくメリットもあります。感情を発散すればすっきりするでしょうし，行動に向けたエネルギーにもなるかもしれません。また良くも悪くも相手がビビる（相手が何らかの反応をする，相手に気を遣ってもらえる）かもしれません。もちろんデメリットもあり，冷静な言動・行動ができなくなる，相手が感情を害したり，後で問題になったり後悔したりする場合も出てくるでしょう。過去を振り返って，こうした怒りのメリット・デメリットを考えてみることも効果があると考えています。怒りを否定したり消してしまうのでもなく，「その怒りをどう活用するか」「その怒りの意味や影響とは何か」を考えることが重要なのです。

グループワークのテーマ

「怒ったことで損をしたこと，得をしたことを考えてみましょう」

「これまで怒るべきだった，怒るべきではなかったと思うことはありますか。今後，怒るべき時に怒る，怒るべきでない時に怒らないためには，どうすればいいと思いますか」

「どんな怒りは出したほうが良くて，どういう怒りは出さないほうがいいと思いますか」

8．ストレスマネジメント教育

　ストレスマネジメント教育は（1）ストレスの概念を知る，（2）自分のストレス反応に気づく，（3）ストレス対処法を習得する，（4）ストレス対処法を活用する，という段階で進んでいきます。アンガーマネジメントと非常に似ています。
　実際のストレス対処法としては，

・深呼吸（10秒呼吸法（6秒で吸い，3秒ではき出す））
・漸進的弛緩法（自律訓練法）
・セルフ／ペアリラクゼーション
・ヨガや瞑想

などのほか，

・ストレス（問題）の解決法を学ぶ
・グループで問題解決のアイデアをシェアする

などの方法も用いられているようです。個人生活ではアロマセラピーやハーブ（ティー），入浴，睡眠，「好きな趣味に没頭する」「ご褒美に好きなものを食べる」なども活用できるかもしれません。
　もちろん解決志向アプローチのほか各種のカウンセリング技法も応用可能だと思っています。

グループワークのテーマ

「あなたはどういう時にストレスを感じますか。そういう時にはどういうストレス対処法がありますか」

「あなたが普段使っているストレス解消法はどんなものですか。それ以外にどんなストレス解消法があると思いますか。各種のストレス解消法について，グループでシェアしてみましょう」

「そもそもストレスとはどんなものでしょうか。ストレスを"うまく活用する"方法はありますか。グループで話し合ってみましょう」

9．その他：ライフスキルトレーニング，ピア・サポート活動

　その他にも自分で自立して生活していくための「ライフスキルトレーニング」（例えば，朝起きて朝食を食べて夜適当な時間に寝るなどの生活習慣づけ，人間関係を作るスキルの訓練，計画を立て・書き・実行するスケジュール管理の訓練，必要な時に必要な我慢をする訓練，薬物・性に関する知識を持つ，など），さらには児童・生徒が既に持っている援助的性向を活かして訓練・支援することで，学校内の自然な支援プロセスを促進する「ピア・サポート活動」などの取組もあります。ピア・サポート活動では，希望する（あるいは適性や能力がある）児童・生徒に対して受容・傾聴・共感的理解の訓練を行ったり，カウンセリング技法について解説したり，相談のロールプレイを行ったりして，日常の学校生活でクラスメイトの簡単な相談に乗れるように指導します（当然，児童・生徒の手に負えないような問題は学級担任等に早めに相談するように指示します）。

　こうした教育・訓練・取組を通じて，児童・生徒が集団生活に馴染むとともに，集団生活に馴染めない児童・生徒に手をさしのべるなどによって，次講で解説する予防教育あるいは開発教育につなげていくことが肝要です。

【第6講の参考文献】
阿部恒久　2010　『グループアプローチ入門』　誠心書房
会沢信彦　2014　『学級担任のためのアドラー心理学』　図書文化
有村久春（編）　2004　『「生徒指導・教育相談」研修』　教育開発研究所
岩瀬直樹　2011　『クラスづくりの極意』　農文協
ダン・ロスステイン，ルース・サンタナ　2015　『たった一つを変えるだけ　クラスも教師も
　　自立する「質問づくり」』　新評論
諸富祥彦　2015　『「問題解決学習」と心理学的「体験学習」による新しい道徳授業』
　　図書文化
滝充（編）　2004　『ピア・サポートではじめる学校づくり』　金子書房
田中輝美・鹿島真弓　2014　『中学生の自律を育てる学級づくり』　金子書房
アーヴィン・D・ヤーロム　2012　『グループサイコセラピー　理論と実践』　西村書店
渡部昌平（編）　2018（予定）『グループ・キャリア・カウンセリング』　川島書店

コラム　グループで学ぶことの効果

　第4講では解決志向アプローチやナラティブセラピーなどの社会構成主義アプローチをご紹介しましたが，こうした技法に限らずカウンセリング技法を学ぶに当たっては，個人で学ぶよりグループで学ぶことのほうが効果があります。傾聴や質問の実際をお互いに見聞きし，どういう姿勢や態度，言葉遣いだと相手が話しやすいのか，一緒に学んでいくことができるからです。また，自分の姿勢や態度，言葉遣いに第三者の視点からアドバイスがもらえるからです。自分自身が生徒（クライエント）役をやり，教員（カウンセラー）役をやり，あるいはメンバーと一緒に教員（カウンセラー）役をやる中で，生徒はどういう時にしゃべりやすいかしゃべりにくいか，教員はどう生徒と接すればいいかを直接的・間接的に学ぶことができます。

　こうした学びを最大限に高めるためには，教員相談を教えている教員（講師）が受講生の疑問や感想を常に聞き取り受講生同士でシェアさせること，受講生の疑問や感想に教員（講師）からコメントを提供することが重要です。本書で「グループワークのテーマ」が多量に用意されているのは，こうした面に配慮しているからです。ぜひグループメンバーの視点・アイデアを参考に，多様な生徒をイメージしながら現場での対応方法を具体的にイメージしていただきたいと思います。受講生の皆さんには，実際に教員になってからも，ぜひ先輩や同僚教員との情報・意見交換を通じて，より良い教員生活を送れるようにしていただければ，と思っています。

第7講　予防・開発教育とは

1．予防・開発教育とは

　予防教育あるいは予防的教育相談（問題の発生を事前に予防する教育）とは，大まかに言えば（1）児童・生徒の現状（問題のリスクと問題解決の資源）を把握する，（2）教員との人間関係をつくる／児童・生徒同士の人間関係をつくる，（3）児童・生徒の環境適応能力を上げる教育だと言えるでしょう。

　また同様に，開発教育あるいは開発的教育相談（問題の事前予防だけでなく，「問題解決できる」「前向きに未来に向かう」児童・生徒に育てる教育）とは，（1）自ら人間関係を作れる児童・生徒を育てる，人間関係を作りにくい児童・生徒に手を差し伸べられる児童・生徒を育てる，（2）自ら考え行動できる児童・生徒を育てる，悩める児童・生徒に手を差し伸べられる児童・生徒を育てる，（3）自らの環境を把握し適切に対応できる児童・生徒を育てる，環境に適応できない児童・生徒に手を差し伸べられる児童・生徒を育てる，教え合い語り合う児童・生徒を育てる，と言えば分かりやすいかもしれません。

　こうした予防・開発教育を行うことで，問題が起きやすい場面でも問題が起きにくくなったり，仮に問題が起こってもすぐに報告をするようになったり，あるいは児童・生徒自身が問題解決を自らできるようになったり，保護者や教員に言われなくても自らの未来を選択・行動することができるようになったりすると考えています。

　問題を大人に見えないように隠すのではなく，また見て見ぬふりをするのでもなく，問題が起こらないようにする，問題が起こっても他人ごとではなく自分たちで解決しようとする，未来に向けて自分の成長のための行動を選択・実行する，こうした児童・生徒の自主性や積極性を育てることは，教員や学校にとってだけでなく，児童・生徒の未来ひいては社会や地域の未来にとっても重要なことです。

2．予防教育のために必要なアセスメントと日常の対応

　出欠・遅刻や成績の把握，部活・クラブの把握だけで生徒の課題や資源を理解・把握できるでしょうか，問題の予防はできるでしょうか。第1講と重複しますが，それには人間関係も含めて授業中・授業時間外の生徒の状況を観察する必要があります。教員側から語り質問をし，児童・生徒に語ってもらう必要があります。科目や場面によっても児童・生徒の様子は違うでしょう。また友人・クラスメイトからの視点，家庭の事情や兄弟姉妹関係，他の先生，保健室・カウンセラーからの視点，作文や絵画，お稽古ごとに顕れるもの，さらにはQ－U調査や心理検査ほかに顕れるものも参考になるかもしれません。

　個々の児童・生徒が何に興味・関心を持ち，何が好きで何が嫌いで，何が得意で何が苦手で，何が不安・心配なのか，あるいはどんな課題や不満を抱えているのか，どんなプラスの資源を持っているのか，できるだけたくさん把握する必要があります。問題の予防のためには，問題の原因となりそうなリスクだけでなく，特技や長所，趣味，興味・関心，モットー，目標など問題を乗り越えられるかもしれない資源の存在も参考になります。直接的なリスク（弱そう，いじめられそう等）だけでなく，プラスの面（誰が友達か，嫌なことは断ることができるか，いじめを嫌うタイプか否か，何が得意で何に自信を持っているか等）や将来の夢や目標を把握しておくことで，後々の対策の参考になるでしょう。

　日々児童・生徒のアセスメントを最新化するために，普段の学校生活での挨拶や声かけ，教員からの自己開示等で生徒との信頼関係を常に作っておくことが必要になります。特別な時に何らかの心理検査を行うというよりも，日常の学校生活の中で直接本人と話をするほか，クラス全体・特定のグループに向かって話す，グループで話をさせる，クラスで話をさせる，保護者と話をする，保護者を交えて話をする，友人に聞く，他の先生や部活の顧問に聞く，学校・学級環境あるいは個人の環境を変える等の手法もあり得るでしょう。作文や感想文，図画工作の作品，夏休みの自由研究などから得られる情報もあるかもしれません。こうした教員と児童・生徒あるいは児童・生徒同士の会話自体が，アセスメントにもなり予防教育にもなってくるのです。

児童・生徒同士で，アイスブレイクとして「共通点探し」「相手の趣味，興味・関心探し」「相手の"よいところ"探し」をして友達作り・友達理解を支援するのも，良い予防教育になるでしょう。日常の学校生活の全ての場面が活用の場所になります。

グループワークのテーマ

「予防教育のメリットについて，グループで議論してみましょう」

「グループメンバーの資源（よいところ）を，過去の部活・委員会活動・好きだった授業・学校イベント等のインタビューの中から探していきましょう」

「グループメンバーの『共通点』を探してみましょう。グループメンバーの全員が違う『相違点』を探してみましょう。やってみた感想をシェアしてみましょう」

「グループメンバーの趣味，興味・関心について，深くインタビューしてみましょう。その趣味，興味・関心のどこが楽しいのか，どんなところに興味を持ったのか，深く聞いてみましょう。やってみた感想をシェアしてみましょう」

3．自己理解を支援する

教育相談の目的の1つとして自己理解の支援があります。自分の興味や関心，価値観を理解することで「やりたいこと」「やるべきこと」など自分の将来が見えてきます。未来の姿が見えてくることで，現在の不安が減少します。周囲との関係のとり方，問題との向き合い方も見えてきます。自己理解は教育相談の上でも，進路指導・進路決定の上でも，一番の要となります。

教員は児童・生徒の個性や特徴をどうやって理解しているでしょうか。1つには出欠・遅刻の管理や学業成績の把握があります。またそれぞれの教科等の中での姿勢や態度，運動会や合唱コンクールなどイベントごとでの姿勢や態度もあるかもしれません。委員会活動や部活もあるでしょう。見えにくいですが，放課後のお稽古ごとや趣味，遊びも児童・生徒の個性を示しています。学校によっては性格テストや集団アセスメントを実施しているところもあるかもしれません。近年，キャリア・カウンセリング分野では「質的キャリア・アセスメ

ント」という技法が新たに知られるようになってきました。本人の興味や価値観，人生観を明らかにするための質問技法で，ワークシート化されたものも多数存在します。

質的キャリア・アセスメントのいくつかをご紹介します。

表7-1　職業カードソートの技法を用いた「仕事に対する価値観発掘シート」

できるできないでなく「面白そう」「やりたい」に○	大企業の社長, 医師, ロボットの開発, カウンセラー, 警察官, 市役所職員, 社長秘書, 画家, 大学教授, プロ・サッカーチームの監督, リニアモーターカーの開発, 薬剤師, パイロット, 花屋さん, ホテルのフロント, 陶芸家, 動物園の飼育係, 弁護士, レスキュー隊員, 魚屋さん, レストランのコック, コンビニの店長, 料理研究家, 俳優, 自動車整備士, カーレーサー		
○をつけた職業について, 自分なりにグループ分けをして, それぞれに「選んだ理由」を書く（※）		○をつけなかった職業について, 自分なりにグループ分けをして, それぞれに「選ばなかった理由」を書く	
全体をみて自分の価値観は？　優先順位は？			

※「好きだから」「かっこいいから」で済ませずに, なぜ好きなのか, どこがかっこいいのかも考えてみよう。

表7-1は職業カードソート技法をワークシート化して簡易化したものです。人はこれまでの経験を踏まえ，自分なりに勤労観・仕事観・人生観を持っています。「面白そう」「やってみたい」と思う仕事に○をつけ，なぜ○をつけたのかの理由を言葉にして説明することで，自分の価値観・仕事観・人生観が明確になってきます。例えば「人のお世話をするのが好き」「動物が好き」「お金持ちになりたい」などの価値観が出てくることでしょう。真ん中右・左の欄に出てくる自分の価値観・仕事観・人生観の中から「特に重要なもの」「今後とも持ち続けたいもの」を一番下の欄に書き込んでもらいます。

表7-2は欧米で20thingと言われる質的キャリア・アセスメント技法を翻訳したものです。自分のやりたいことをたくさん書き出していくことで，人によって「外で体を動かすのが好き」「室内で手を動かすのが好き」「考えたり情報を集めたりするのが好き」など，それぞれの人の行動傾向が出てくると思

います。多くの場合，いろいろな傾向が複数現れますが，「その中でいま一番やりたいこと」を選ばせることで具体的な傾向を明確化させることができます（もちろん直近の経験やその時の精神や身体の状態によっても選択は変化しますので，一定の注意は必要です）。

表7-2　今／これからやりたいこと (例：読書，映画，ドライブ…)

	やりたいこと	※マーク	最後にやった日

※練習したほうが上手くなるものには「練習」，計画が必要なものには「計画」，1人で楽しむものは「1人」，みんなで楽しむものは「みんな」，どちらでもいいものは「1人／みんな」，外でやるものは「外」，家でやるものは「内」と記入。最後に，やりたいもの上位5つの左欄に星印をつける。

表7－3も欧米で用いられているIdeal Dayというワークを翻訳したものです。1日を振り返る中にも「友達と一緒に遊ぶのが好き」とか「1人でコツコツ作業するのが好き」とか「1人でのんびりする時間を大切にしたい」あるいは「休憩時間に皆でダベるのが好き」など1人1人が異なる「大切にしたい時間」（＝興味・価値観の反映）を持っています。

表7-3　1日を振り返る (朝起きてから夜寝るまで)

時刻	できごと	起こった思考・感情
(例)	朝ご飯 (ごはん・味噌汁・焼鮭) 1限の講義 休み時間	朝はご飯に限る 遺伝子に興味 1人で過ごすのが好き　等

第7講　予防・開発教育とは　*71*

　表7－4も欧米で用いられている5 livesというワークを翻訳したものです。大人の影響なのか「安定した仕事に就きたい」「地元企業であればどこでも」というような曖昧な進路志望の若者も少なくありません。「5つの人生が自由に送れるとして，残り4つの人生の借金とか人間関係など一切引き継がなくていいとしたら，どんな人生（仕事）をしてみたい？」という問いかけに答えを

表7-4　**5つの人生** (全く異なる5つの人生を歩めるとしたら？)

時刻	どんな人生？	具体的には？
（例）	お医者さん（外科医）	病気の人を助ける ・人の命をできるだけ救う ・周りの人に尊敬される
第1		
第2		
第3		
第4		
第5		

書いてもらいます。「公務員」と書くような安定志向の児童・生徒でも1つくらいの人生はチャレンジ的なことを書くかもしれません。その上で「じゃあ5つの人生の中で，本当に一番やりたいものは？」と聞くことで彼／彼女の「ほんとうの気持ち」が出やすくなります。

これら欧米でよく用いられる質的アセスメントのほか，好きな教科・学校イベントとその理由を考える，好きな役割分担（委員会や友人関係など）とその理由を考える，友達の好きなところとその理由を考える，他者との相同・相違を考える，家族や周囲の人からの影響を考える，自らのロールモデル（尊敬する人など）を考える，などの方法で児童・生徒の興味や価値観を知る方法もあります。その他，作文や感想文，絵画などの図画工作の作品，好きな音楽やアニメ，漫画，本，映画などにも児童・生徒の個性は顕れてきます。

人間形成の上では，これまでの児童・生徒自らの知識・経験のほか，周囲の人や環境からの影響も受けていることには注意しておきましょう。過去を振り返ることは，時にトラウマを想起する場合もあります。意図的に過去を想起させる場合，「嫌なことは思い出さなくていい」とか「好きなこと，頑張ったことを思いだそう」など口頭の指示に注意するようにしましょう。

グループワークのテーマ

「教員が児童・生徒の個性・特性を把握するには，どういう方法がありますか」
「自己理解を促すためには，どういう方法がありますか」
「自己理解が進むことで，どんな効果がありますか」
「グループで『自分（相手）の特徴（※特に長所）』について語り合ってみましょう。グループで『メンバーの長所』について挙げていきましょう」
「自分の特徴・長所の把握は，問題を解決・予防するのにどういう効果があると思いますか，グループで議論してみましょう」

4．予防教育のその他の技法

前講で紹介した，ソーシャルスキルトレーニング，アサーショントレーニング，アンガーマネジメント，ストレスマネジメント教育，ライフスキルトレー

ニング，ピア・サポート活動などの技法が使えます。

　また解決志向アプローチなどのカウンセリング技法のほか，第11講で説明するグループエンカウンターなどのグループ体験，同じ目的に向かって協力する音楽の合奏や合唱，体育の集団スポーツや運動会，学校祭，遠足あるいはホームルームや休み時間の遊びなども活用することができるでしょう。

　道徳の授業のほか通常の教科でも授業中の対話などを通じて，学級の和を作っていくことができるかもしれません。児童・生徒がお互いを理解したり好きになっていけば，自然と問題は減っていくものと考えています。

5．予防教育から開発教育へ

　ソーシャルスキルトレーニング，アサーショントレーニング，アンガーマネジメントなどの教育により，かなりの部分の「不適切な行動を予防する」「適切な行動を誘導する」ことができると思います。これらは「予防教育」として具体的に日々の学校生活で実践していくことが重要です。

　ただしこれらはあくまでスキルや感情のコントロールを学ぶものであって，「そうすべき」という姿勢や態度（メタ認知），意志（意識）や意欲を育てるものではありません。「自分にとっていい人生とは何か」を考えるものではないのです。

　人格的に成熟した個人集団（クラス）になることができれば，問題が起こりにくく，仮に何か問題が起きそうだとしても周囲の児童・生徒が止めに入ったり，仲裁に入ったりできるかもしれません。人間誰しも虫のいどころが悪い時，機嫌の悪い時があるでしょう。そういったことを十分理解して，「主張する」「受け入れる」「おもんぱかる」「間に立つ」「問題に立ち向かう」「余裕を持って対処する」「協力的に（あるいは主体的に）活動する」人間に育ってくれると，（仮に教員がいない場面でも）集団として常に問題を未然に防ぐことができるようになります。ホームルームや総合的な学習の時間，道徳の時間，さらに教科やホームルームなど必要な時間も活用して，スキル的な予防教育だけでなく人格形成や未来形成までを見通した開発教育も進めていくことが重要です。児童・生徒の将来を考えれば，学業成績の向上も教育の大きな課題ですが，同

時に人間性の育成・陶冶や未来や社会に向けた意識や意欲の喚起も現代教育の大きな課題です。

グループワークのテーマ

「予防教育だけでなく開発教育を行うメリットについて議論してみましょう」
「あなたは開発教育で児童・生徒の何を開発したいと思いますか。それを開発するためには，どんな場面・どんな方法があると思いますか」

6．開発教育の理論と方法

さて，では開発教育では何を開発するのでしょうか。それは児童・生徒個人の興味や関心・価値観の掘り起こし（将来の目標につながりやすい），大切にしたいこと／モットーの明確化，継続して頑張る力，自分を信じる力，人間関係形成力，コミュニケーション力，「知らない人と接すれば，新しい情報が入る」「協力すれば1人ではできないことができる」「歴史を（先人の知恵に）学びたい」「社会や地域に貢献したい」等々の概念ではないかと考えます。

もちろんこれらの全てではなくても，本人が信じられるもの・納得できるものを1つでも伸ばせればよいでしょう。それを「大人に押しつけられた」ではなく，本人の口から自然と出てくるようにすることを目指したいと考えています。

具体的な技法については後ほど（解決志向アプローチなどのナラティブ／社会構成主義アプローチについては第4講で述べましたが，ナラティブ／社会構成主義キャリア・カウンセリングについては第13講で）述べますが，1人で何かを成し遂げる／作り上げる経験，あるいはグループで何かを成し遂げる／作り上げる経験，さらには「好きなこと・頑張ったことを問う」「あって欲しい未来（夢）を語る」「尊敬する人について語る」ということに「自分のこととして取り組む」ことで，児童・生徒の価値観・人生観が明確になってくると考えています。事前事後教育を組み込んだ職場体験（インターンシップ）によって，「仕事とはどんなものか」「社会ではどんなことが求められているか」「自分はどんな仕事をしたいか」「そのためにこれからどんな知識や経験を学んで

行くか」を学んでいくことも効果的だと考えています。また構成的グループエンカウンター，プロジェクトアドベンチャー（ＰＡ），ラボラトリー方式による体験学習などのグループ体験も開発教育として効果的と考えています（グループ体験については，第11講で詳しく解説します）。

グループワークのテーマ

「あなた自身が開発したいと思っている能力は何ですか。学校教育の中では，どうやったらその能力を伸ばすことができると思いますか。学校教育以外（学校の外）ではどうやってその能力を伸ばすことができると思いますか」

【第７講の参考文献】

渡部昌平（編）　2015　『社会構成主義キャリア・カウンセリングの理論と実践』福村出版

渡部昌平　2016　『はじめてのナラティブ／社会構成主義キャリア・カウンセリング』川島書店

渡部昌平　2017　『実践家のためのナラティブ／社会構成主義キャリア・カウンセリング』福村出版

星野欣生　2003　『人間関係づくりトレーニング』　金子書房

津村俊充　2012　『プロセス・エデュケーション』　金子書房

河村茂雄　2006　『学級づくりのためのＱ－Ｕ入門』　図書文化

河村茂雄ほか　2004　『Ｑ－Ｕによる学級経営スーパーバイズ・ガイド』　図書文化

コラム 自らを開発する児童・生徒になるために

　ある程度集団として成熟したクラスでは，「いいところ探し」をして
クラスメンバーのいいところ，自分のいいところを言わせていくとい
うグループワークも有効です。また「自分への手紙」というスタイルで，
自分のいいところを認め，自分自身の改善したいところを自分自身から
アドバイスする手紙を書かせる方法もあります（筆者の大学講義では
「10年後の自分からの手紙」として，10年後の自分から今の自分への褒
め言葉・アドバイスとして書かせています）。

　できれば事前に第6講のソーシャルスキルトレーニングのようなこ
とをやっておいて，「「ありがとう」とか「頑張ろう」などのポジティ
ブな言葉が使われると，自分も周囲も前向きになりやすいこと」「「バ
カ」とか「やっても無駄」などの人を傷つけるような言葉を使っている
と，自分も周囲もギスギスすること」を意識させ，「自分も周囲もいい
関係にするために「いいところ」を見つけていこう」という形でやって
みると良いと思います。

　人間，褒められたり認められたりすると嬉しいし，もっと頑張ろうと
思えるものです。一方で，怒られたり批判されたりすると，それがどん
なに正当なものであったとしても，落ち込んだり反抗的になりやすいも
のです。

　問題があまり大きくない日常では（問題に目をつぶれとは言いませ
んが）できていること・頑張っていることなどの「いいところ」に焦点を当
て，またできていないところ・頑張れていないところには「これから頑張る
ところ」として焦点を当て，児童・生徒本人に確認させることで「自らを開
発していこう」と考える生徒が育てられるように感じています。

　帰りのホームルーム等を用いて「クラスメンバーのいいところを発表
する」などの取組をしているクラスもあるようです。そのクラスの状況
に合わせて，実施方法を考えてみてください。

第8講 いじめへの理解と現場での対応

1. はじめに

「愛知県岩倉市の高校2年高橋美桜子さんが自殺したのは，中学時代に受けたいじめが原因として，母親典子さんが学校法人市邨学園と当時の担任ら3人に約4260万円の損害賠償を求めた訴訟の判決が20日，名古屋地裁であり，長谷川裁判長は学校側の責任を一部認め，約1490万円の支払いを命じた。

（中略）学校側は事前に実態を認識でき，『適切な措置を取っていれば自殺することはなかった』として，因果関係を認めた。(2011年5月20日，共同通信の記事より)」

これは，あるいじめ自殺事件に関する民事訴訟の判決を報じた記事です。この結果は，いじめ被害を訴えた生徒が学校を卒業した後に自殺した場合でも，当時の学校の対応に過失があった場合その責任が問われることを示しています。児童生徒からいじめの訴えがあったにもかかわらず，学校や教師が何も対応しないで事態の終息を待つことは，いじめ被害者を危険にさらすだけでなく，後々担任や学校が不作為の責任を問われる可能性があるのです。

2. いじめの定義

文部科学省はいじめを次のように定義しています。

「『いじめ』とは，『児童生徒に対して，当該児童生徒が在籍する学校に在籍している等当該児童生徒と一定の人的関係のある他の児童生徒が行う心理的又は物理的な影響を与える行為（インターネットを通じて行われるものも含む。）であって，当該行為の対象となった児童生徒が心身の苦痛を感じているもの。』とする。なお，起こった場所は学校の内外を問わない。」

この定義は，平成25年度に施行された「いじめ防止対策推進法」の中のもの

です。いじめの定義は，昭和61年，平成6年，平成18年の改正を経て現行のものとなっています。改正が繰り返されてきた背景には，いじめ被害者の自殺がマスコミによって大々的に報道され，それに伴いいじめ自殺が増えるという社会問題が繰り返されてきたことがあります。こうした「いじめパニック」とでもいうような状況の中で，定義は，学校や教員が確認できる問題から，本人の訴えを第一に考える方向へ変化しています。こうした流れの中で，先ほど述べた「いじめ防止対策推進法」が施行されているのですが，その後も年に何回かいじめによる自殺の報道や，自殺といじめの関連性を疑うような報道が繰り返されているのが現状です。

グループワークのテーマ

「あなたは小学校や中学校でいじめを見たことがありましたか？」

「それはどのようなものだったのでしょうか？」

（もちろん，答えられない場合もあるでしょう。そのときには答えなくてもかまいません）

3．統計調査から見えるいじめ

いじめに関しては，文部科学省や国立教育政策研究所が大規模な調査を行っています。またWeb上には，各地方自治体が発表しているものを多数見ることができます。1999年に出版された「日本のいじめ（金子書房）」は，さまざまな角度からいじめの実態に迫っており，非常に貴重なものと言えます。

ここでは，文部科学省初等中等教育局児童生徒課による「平成27年度児童生徒の問題行動等生徒指導上の諸問題に関する調査」と「日本のいじめ（ストップいじめ！　ナビ所収）」の中の資料を使って見ていきたいと思います。

図8－1はいじめの認知件数の推移です。縦の波線は，このときにいじめ定義が変更されていることを示します。また，23年から24年の増加は「いじめ防止対策推進法」が施行される前の変化と考えられます。先に述べたように，いじめ定義の変更はいじめ自殺が社会問題化することを受けて行われてきました。このように考えると，何年かのサイクルで「いじめパニック」が起きているこ

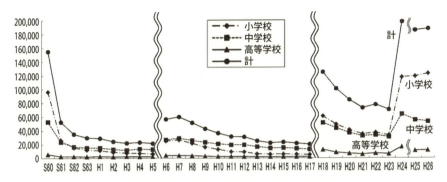

図8-1　いじめの認知件数の推移（文部科学省初等中等教育局児童生徒課）

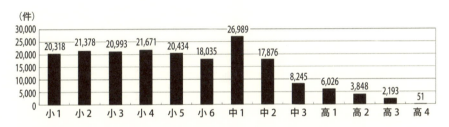

図8-2　学年別いじめ認知件数（文部科学省初等中等教育局児童生徒課）

とや，何年かすると件数は安定化する，すなわちいじめ問題が忘れられていくことが繰り返されていることがわかります。

　図8-2は，平成26年度の学年別いじめ認知件数です。これによると中学1年が突出して多く，その後減っていくことがわかります。この傾向はきわめて一貫したもので，この資料に限ったことではありません。

　統計によると，中学生のいじめは小学生に比べ長期化しやすい，つまり深刻化しやすいことがわかります。中学1年が突出して多いことや，中学生の方が長期化しやすいことの背景には，後述するように中学生という発達的な特徴が関連していると考えられます。

　「日本のいじめ」には，いじめの訴えに対する対応の効果の関係を調べたものが掲載されています。それによると，いじめの訴えに対して何らかの行動を教師がとった場合，その方法にかかわらず65.3％は改善しているという結果が出ています。これは教師のいじめに対する対応力の高さを示しているといえる

でしょう。何らかの形でいじめを発見した時には、迷うことなく対応をすることが重要です。

4. いじめに関する理論

いじめに関しては、教育学、心理学、社会学などを中心にさまざまな領域で、数多くの研究が行われています。

森田・清永（1994）は、社会学者デュルケムの考え方をもとに、いじめ集団における4層構造について論じました。これによるといじめ集団は、被害者、加害者に加え、観衆と傍観者に分かれます。観衆はいじめをはやし立てたり、面白がったりする子ども、傍観者は関心を示さずに無視する子どものことを指します。いじめの長期化などには観衆や傍観者の反応が影響してきます。日本では統計的に、他の国に比べて年齢が進むにつれて傍観者が増え、一方で仲裁者が減っていくという特徴が認められます（森田他、1999）。

また、森口（2007）はいじめとスクールカーストの関連について論じています。スクールカーストとは、学校の中に存在する子どもたちのステータスの差のことです。このカーストは、クラスができあがってから1〜2ヵ月ほどで形成されます。カーストを決める要因は、コミュニケーション能力といわれています。クラスができあがった早い段階で上位のカーストに位置した子どもは、いじめられることは少なくなりますが、下位のカーストに位置した子どもはいじめられる危険性を常にはらむことになるのです。

内藤（2001、2009）は、従来のいじめの原因論を批判し、いじめの原因が加害者や被害者、教師といった個々の成員の問題ではなく、学校という独特の集団の力動に起因するものであると論じています。日本の学校は学校共同体型の極端に突出したタイプであり、これによって生じる"長期間にわたり仲良くすることを強制的に強いられる環境"そのものが、いじめ発生のリスクをはらんでいると考察しています。

これらの理論はいじめを加害側や被害側、教師側の問題としてとらえるのではなく、集団力動としてとらえています。このように、いじめ加害者に対してもうしないように指導し、いじめ被害者に対してはつらさを受け入れて支える

だけではいじめの解決にはならないことは明らかです。

5．グループの発達からみたいじめ

　本講でも，グループの発達とその中で生じる集団力動との関連からいじめを考えていきたいと思います。特に，いじめの件数が多くなり，その継続時間も長くなる中学生の時期，いわゆる思春期を中心に考えていくことにします。

　通常仲間集団は，ギャンググループ，チャムグループ，ピアグループと変化していきます（第3講参照）。小学校4～6年生のときをギャンググループ，中学生のときをチャムグループ，高校生のときをピアグループと大まかに分類することができます。

　ギャンググループは，同じ遊びを一緒にするなどの同一行動による一体感によって支えられる集団であり，基本的には同性によって形成されます。チャムグループは，「同じであること」を大切にする仲良し集団です。共通の趣味や関心，クラブ活動などを通じて仲間を形成し，その中では同じということを言葉によって確認するという特徴があります。ピアグループでは，「同じであること」よりも仲間内の「違うところ」に気づき，やがて集団そのものを居場所として感じられるような関係になっていきます。

（1）グループの形成といじめ

　ギャンググループの同一行動，チャムグループの同質性，いずれもこの時期の集団には「同じ」であることが求められます。そのため同じでないものは必然的に排除されます。特にギャンググループの場合，同じ遊びができないと排除が起こります。最近では同じゲーム機とゲームソフトを持っていない子どもが仲間に入れてもらえなくなることが起きたりしています。

　チャムグループの場合，ギャンググループの特徴だった「同一行動」が「同質性」に変化していくため，集団の拘束はさらに強いものになります。この中では持ち物や嗜好，考え方まで「同じ」ことを求められる場合があります。

（2）ピア・プレッシャー

　集団に所属していると時には自分の意見や信念を曲げて所属する集団に従ってしまうことがあります。このように自分が所属する仲間集団に暗黙のうちにも同調しなければならないと感じる圧力のことを同調圧力（ピア・プレッシャー）といいます。これまでの研究によると，中学1，2年くらいの子どもたちが最も強くピア・プレッシャーと感じているようです。中学校という新たな環境や思春期特有の心身の不安定さが，仲間との結びつきを強くしていると考えられます。

　こうしたピア・プレッシャーを，子どもたちはどのように感じているのでしょうか。筆者がスクールカウンセラーをしているとき中学生たちは次のように話してくれました。「一緒にいなければというのが嫌だった…」,「（友達から離れたいのは）自分が駄目だから…」。ここには，距離を置きたい一方で，そのように考えることがおかしいのではないだろうかという彼ら特有の葛藤を見ることができるでしょう。

　「ヤマアラシのジレンマ」という言葉があります。ヤマアラシの群れが寒い冬の日に一緒に寄り添って寒さをしのごうとしています。しかしくっつけば体の針が刺さり離れなければならなくなり，でもそのままだと寒いのでまたくっつこうとする中でなんとか適切な距離を保とうとします。こうした離れたりくっついたりする葛藤を思春期の子どもたちは常に感じているといえるでしょう。

（3）チャムグループの形成といじめとの関連性

　先にも述べたように，チャムグループは同質性・共通性を中心に形成されたグループなので，異質な存在は必然的に排除されることになります。集団の結びつきが強すぎて集団内に不満が生じたり，集団の成員間の不安が高まったりすると，このような不満や不安を集団の成因の弱者に向けようとします。こうして攻撃の対象になったものが「スケープゴート（いけにえの羊）」です。所属する集団の不安が高ければスケープゴートは生まれやすくなることが知られています。この場合，集団の中で何らかの理由により異質であると認識された子どもがいじめの対象になりやすくなります。

（4）集団極性化

いじめ集団の中では，通常では考えられないような陰湿なことが行われ，これが被害者の自殺や殺人に結びつくことがあります。この中で起きていることは「集団極性化」という現象で説明できるでしょう。集団極性化とは集団での意思決定を行う際，1人での判断や行動傾向，感情などが集団でのやりとりを通す中で極端な方向で強くなってしまうことをいいます。特に，より危険な方向にシフトすることを，「リスキーシフト」といいます。いじめ加害者たちが被害者に対してする行為がエスカレートしていく状況は典型的なリスキーシフトといえるでしょう。

（5）いじめの透明化

いじめが日常的に繰り返されると周囲の仲間は被害者から遠ざかっていき被害者は孤立していきます（孤立化）。そして，被害者は自分がいじめられても仕方がないと思うようになり，なにも抵抗しなくなります（無力化）。やがて，いじめが当たり前の光景になってきます（透明化）（中井，1997）。こうなるといじめは教員にも見えなくなっていきます。時々，いじめに教員が荷担していたという報道がありますが，このようないじめの透明化のプロセスの中で生じていったことと解釈できるでしょう。

また，保育園や幼稚園から集団の構成員がほとんど変化しない状況の中では，小学校，中学校といじめが学校を超えて継続することもあります。この場合，子どもたちの中で行われる普通の遊びの中にいじめの要素が入ってくることがあり，集団やクラス全体，場合によっては教師も，全くいじめという感覚を持たずに荷担してしまっていることがあります。これは学校または学級風土そのものがいじめの要素を持ってしまっている状態と考えることできるでしょう。

6．いじめ問題に関わる際の前提

このように，いじめは思春期の心性や集団力動が複雑に関連し合う中で起きていると考えることができます。まず考えなければならないことは，教師など教育に携わるものが，全員が仲良くすることを求められる学校や学級集団その

ものが異常であるという認識を持つことでしょう（内藤, 2012）。また，友達
関係は子どもたちにとって必ずしも良いものではない，という考えを持つこと
も大事です。学校では，仲間と仲良くすることが求められますが，実は友人や
仲間とのつきあい方にはさまざまな方法があってよいのです。

　よく使われる標語に，「いじめゼロを目指そう」というのがあります。これ
まで説明してきたように，思春期の心性や集団力動を考えると「いじめゼロ」
は絶対にあり得ません。そのため，「いじめゼロ」という響きの良い言葉を標
語にしてしまうと，まさに今いじめ被害を受けている子どもが被害を訴えるこ
とができにくくなります。なぜならば，いじめゼロを目指している学校におい
て，いじめ被害を訴えている自分が集団の中の異質なものになってしまうから
です。

7. いじめ対応の実際

（1）対応の留意点

　文部科学省の「いじめ問題取り組み事例集（平成19年度）」には，学校での
活動の中での特筆すべき活動が紹介されています。その活動の多くは日常的な
取り組みです。本講のはじめで説明したとおり，いじめを抑止するには日常的
な活動に重点を置くことこそが大事です。ここでは，予防的に行われる日常活
動と緊急対応とに分けてその留意点を説明します。

（2）予防的対応
1）心理教育

　思春期は身体的な変化がきっかけで自己に目が向く時期です。鍋田（2007）
はこれまでの人生の中で最も内面に目が向く時期と述べています。しかしこの
時期を生きる子どもたちの多くは，仲間たちも自分と同じように内面に目が向
いたり，悩んでいたりするとは考えていません。彼らの多くは自分だけが特別
なのではないだろうかという気持ちを抱き，それを誰にも言い出せないでいま
す。先に述べた，ピア・プレッシャーについて子どもたちが話してくれた内容
がそれを物語っているといえるでしょう。

だからこそ，ここに書いてあるようないじめの階層性や集団力動，思春期の課題などについて，子どもたちに対して心理教育することが重要な意味を持ちます。筆者の経験では，思春期やいじめに関する心理教育を行った後のアンケートには，「他の人も自分と同じように悩んでいるとは思わなかった」という感想が多く見られます。自分1人が悩んでいるのではないことを示すことで子どもたちは楽になります。また，いじめに関しても発達段階やさまざまな集団力動が影響することを知ることにより，加害者側も被害者側も自分の立場を客観的に見ることができるようになると考えられます。

2）グループワークやアンケートの実施

より良い学級集団を形成するために，構成的グループエンカウンター（SGE）やソーシャルスキル・トレーニング（SST）を授業の中に取り入れている学校が多くあります。また，ほとんどの学校では子どもたちを対象にいじめ調査アンケートが行われています。これらは子どもたちに対人関係のことを考えてもらうためにとても大事なことといえます。

しかし，これらをいじめ対策として取り入れる場合には，実施時期を考える必要があります。クラスが出来上がってから，いわゆるスクールカーストが形成されるまでには時間差があります。また，夏休み等の長期休みに入った場合，形成されたスクールカーストは若干変動します。そのため，SGEやSSTは集団が形成される前や，変動している時期に行うことによって効果を発揮します。一方，いじめ実態調査はカーストが固定されている状況で実施した方が状況を理解しやすくなります。

（3）いじめ確認後の対応

1）いじめを肯定的に解釈して伝える

ヤング（2012）はいじめ加害者と面談をする際に，その行動を教師の方が肯定的（善意）に解釈して相手に伝える方法が有効であると述べています。「相手をびっくりさせるつもりでやったんだろう？」「いじめなんてやるつもりはなかったんだろう？」「君は冗談がうまいからねぇ」といったように，いじめたことを叱るのではなく，肯定的にとらえて相手に伝えるのです。こうした方法は，ごく初期の段階，特になんとなくいじめてしまっているような子どもに

対して有効と考えられます。また、いじめをしたことで叱られるだろうと構え
ている子どもに対しても効果的です。

2）集団への関わり

　問題が重大なものになればなるほど、個別で対応することには無理が生じて
きます。これは、いじめに関わっているメンバーが多くなってくることと、観
衆や傍観者の立場の子どもに対しても何らかの指導が必要になってくるからで
す。この場合、スクールカウンセラー等との協働による集団的な心理教育など
の手法が必要となります。

　ここでは2つの事例について報告しておきます。柴田（2014）は、担任や
関係する教師の支援のもとで解決志向アプローチによる学級経営の方法であ
る「WOWW（Working on What Works）アプローチ」をいじめと学級崩
壊が生じたクラスに対して実施した例を報告しています。「WOWWアプロー
チ」では初めに、クラスに入ったコーチ（スクールカウンセラーや教師など）
が子どもたちを観察し、クラス成員全員の「対人関係の中で起きている良いと
ころ（例外）」を探し、ホームルームなどでそれを発表します。さらに、次の
段階では子どもたちがお互いに「例外」を探せるようにしていきます。このよ
うな働きかけにより、クラス成員の関係や凝集性がより良い方向へ変化してい
くことが期待されます。ちなみに本報告の中では、最終的に担任が行う特別
活動の授業において協働でクラス目標を作り上げるところまでを行っています。
その結果、生徒相互の関係だけでなく教師と生徒との関係も改善されていった
ことが示されています。

　田代（2014，2015）は、家族療法の技法を用いたいじめ授業を展開し報告し
ています。その中では、いじめを「いじめ魔王」としていじめが起きているク
ラスから外在化し、その外在化された「いじめ魔王」に対して、子どもたちが、
魔王の好物やクラスに住み着いた理由、退散させる方法などの質問を繰り広げ
ることによって、いじめに対する理解を深めていく授業や、家族療法において
家族とセラピストの会話をスタッフが観察し、さらにスタッフ間の会話を家族
が見ることを通して会話を広げていくというリフレクティング・プロセスの方
法を用いて、いじめについて生徒集団と教師集団が相互に語り合い会話を広げ
ていく授業などを実践しています。

第8講 いじめへの理解と現場での対応　　*87*

　このように，集団に介入する際には教師側が生徒に介入や指導をするのではなく，生徒と教師が協働しながら学校の中に存在しているいじめに対して対応するという構造が効果的であるといえるでしょう。

3）いじめ加害者への出席停止

　いじめが発覚しても，多くの場合加害者は同じ学校に居続けます。そのため，被害を受けた子どもの側が登校できなくなったり，学校を変更せざるを得なくなったりするケースがしばしば認められます。

　再三に渡って学校が指導を行ってもいじめがなくならない場合，またいじめが強い非行性を帯びている場合，学校を管轄する市区町村の教育委員会は加害側の子どもに対して出席停止を命じることができます。しかし，これを加害側の子どもへの懲戒とならないように注意することが必要です。文部科学省の通知（2001）では，この制度は「本人に対する懲戒という観点からではなく，学校の秩序を維持し，他の児童生徒の義務教育を受ける権利を保障するという観点からもうけられた」旨が述べられています。また，いじめが深刻になればなるほど，いじめの現場は学校を離れる傾向があります。

　出席停止の判断は十分過ぎるほど慎重に行う必要があるといえるでしょう。

グループワーク

「いじめる側やいじめられる側を直接取り上げずに「いじめ大魔王」のように架空の悪役を立てることのメリットとしてどんなことが考えられますか？考えてみましょう」

8．おわりに

　今まで述べてきたように，いじめは，いじめる側やいじめられる側だけの個人の問題としてとらえることはできないと言えます。そこには，子どもたちを取り巻く複雑な集団力動や日本の学校そのものの在り方が関連しています。こうした状況の中で，いじめに対して教師が何らかの対応をした場合，65.3％によい変化が起きているという事実は我々に勇気を与えてくれます。何はともあれ動くことにより，その状況に小さな変化を生じさせることが大事であると言

えるでしょう。

【第8講の参考文献】

内藤朝雄　2001　「いじめの社会理論―その生態学的秩序の生成と解体」　柏書房

内藤朝雄　2009　「いじめの構造―なぜ人が怪物になるのか」　講談社現代新書

森口朗　2007　「いじめの構造」　新潮新書

森田洋司・清永賢二　1994　「いじめ―教室の病い」　金子書房

森田洋司・滝充・秦政春・星野周弘・若井彌一（編）　1999　「日本のいじめ―予防・対応に生かすデータ集」　金子書房

鍋田恭孝　2007　「序論―思春期という時代・思春期危機の意味」　鍋田恭孝（編）　思春期臨床の考え方・すすめ方　金剛出版, 21-35.

田代順　2008　「学校コミュニケーションへのアプローチ―『いじめ』を語り合う生徒と教師が話し合う・聴き合う・目撃し合う」『ナラティヴからコミュニケーションへ―リフレクティングプロセスの実践』　弘文堂, 85-106.

田代順　2015　「いじめ魔王の冒険―学校コミュニティにおけるナラティヴアプローチによる心理教育の試み」　森岡正芳（編）『臨床ナラティヴアプローチ』　ミネルヴァ書房

ヤング, S.　黒沢幸子（監訳）　2012　「学校で活かすいじめへの解決志向プログラム―個と集団の力を引き出す実践方法」　金子書房

コラム いじめ小魔王の活躍

　筆者がある中学校で，「いじめ魔王」の授業をしたときのことです。学年全体への授業だったため，先生が扮する「大魔王」「中魔王」，それに教育実習中だった学生が作ってくれたぬいぐるみの「小魔王」が登場するとても大規模な授業となりました。生徒たちはそれぞれの魔王のところに行って討論を繰り広げ，その時の授業は予定どおり終了しました。

　授業が終わり数日過ぎたとき，ある事件が起こりました。朝一番に登校した生徒が，あるクラスの教卓の上に「いじめ小魔王」を見つけたのです。教卓の上の「小魔王」は，クラスの中に「いじめ」が潜んでいるというメッセージと考えられました。誰が置いたのかも分からず，担任が「小魔王」について説明をするわけでもなく，この「小魔王」はクラスに居続けました。やがて「小魔王」の存在を気持ち悪がった生徒たちが自らいじめ対策に乗り出しました。そして数週間後，その対策が一段落した頃，「小魔王」はクラスから姿を消したのでした。

　その後この学年では，いじめの訴えがあったクラスに，いつの間にか「小魔王」が住み着き，訴えがなくなるといなくなるいうことが繰り返されました。

　約半年後，「小魔王」は職員室のキャビネットの上から動かなくなりました。生徒たちは職員室に「小魔王」が住み着いたと噂しました。

第9講 反社会的問題行動への理解と現場での対応

1. はじめに：事例「成人式での事件」

　「○○市の成人式で10日，議事進行の妨害行為や警備員との小競り合いなどが起き，○○県警察本部と○○警察署の警察官約20人が駆け付ける騒ぎとなった。成人式は，約1900人が出席。新成人を代表して式典の実行委員長でもある○○さん（20）がステージで「誓いの言葉」を述べているその時，事は起きた。一部の新成人らがマイクを取り上げ，（中略）拡声器で叫びながら，警備員の阻止を振り切ってステージに上がり，妨害行為に出た。（中略）その後も，ステージの脇に設けられた大型スピーカーの設置台によじ登り，機材を壊し始めるなど，妨害行為はエスカレート。これらの行為を繰り返した面々は焼酎のボトルを会場で飲み続け，酔っ払っていた。式典が終わると，妨害行為を繰り返した面々と警察官がにらみ合いを展開し，緊張が走ったが，警察官の説得で騒動を起こしたメンバーが警備員らに頭を下げ，事態は収拾した。（2016年1月11日産経新聞電子配信版）」

　その後，彼らは持参していたゴミ袋で会場のゴミ拾いをしたようです。しかし2日後には次のような記事が掲載されました。

　「10日に行われた○○市の成人式で，新成人の男らが式典の進行を妨害した事件で，○○警察署は威力業務妨害容疑で，新成人の男（20）や19歳の少年ら数人を近く立件する方針を固めたことが12日，捜査関係者への取材で分かった。（中略）県警は，式典の進行が一時中断したほか，インターネットのSNS上に妨害行為を誇示するような書き込みをしたことなどから，極めて悪質な行為として立件する方針を固めた。（2016年1月13日産経新聞電子配信版）」

グループワーク

　「彼らはどんな悪いことをしでかしたのでしょうか？　それはどうして悪いこ

92

となのでしょうか？　グループで考えてみて下さい」

2．事例「3歳児の火遊び」

　これは筆者が実際に関わった事例です。

　「ある日，私の所に3歳の男の子と母親が来談しました。母親はやや言い出しにくそうに次のことを話してくれました。

　『部屋に置いてあったライターで，この子が燃えるものに火をつけてしまったらしく，火事を起こしてしまって…。両親は別の部屋にいたが，間一髪でこの子を助けることができた。でも，その後家に住むことができず，父親の実家に身を寄せている。この子は実家での生活が楽しいらしく，火事を起こしたことを何も気にしていない。異常ではないだろうか…』

　私は火事のことを本人にどのように伝えているのかたずねました。すると実家の両親から，怖い思いをした上に火事のことを話されて心に傷を負ってしまえば大変だから，できるだけ本人に伝えない方が良いと言われ，話していないとのことでした。私は驚いてしまい，『それだと本人が今回の件に対して責任の取りようがないのではないでしょうか』と言い，次のことをお願いしました。

　『消防署か消防団の制服を着た人に，今回の火事を起こしたことについてきちんと叱ってもらうこと。そして，本人がきちんと謝ることができたら褒めてあげること。それができたらまた来談してください』

　母親は『やはりそうですよね』と明るい口調で言いました。ちなみに両親は，消防署からかなりきつく指導を受けていたようです」

3．2つの共通点

　年齢の異なるこれら2つの事例には共通点があります。それは両者とも事件の大きさと本人の年齢に見合った償いをしていなかったということです。

　成人式を妨害した集団が行ったゴミ拾いという行為は，彼らが行った行為の償いとしてはあまりに軽すぎたといえるでしょう。また，火事を起こしてしまった3歳児は，心の傷という昨今はやりの考え方によって償う機会すら与えて

もらえませんでした。

　学校における反社会的問題行動でも同様のことが生じます。指導の中でやったことの善し悪しと，反省しているか反省していないかという指導のことだけが関心事となり，当事者の子どもがどのような処遇を受けるのか，どのように償うのかまで考えが及んでいないことがほとんどといえます。実際には，非行を犯した場合どのような処遇が待っているのかを教えることと，事件に見合った償いをどうさせるのかということが大事なのです。

4．非行の推移と現状

　図9−1は戦後から現在に至る少年犯罪の推移を示したものです。この中に示される検挙人員の数を見ると，大きな4つの山を見ることができます。こうした変動には，当時の日本の社会状況が大きく影響しています。少年非行の「第一の波（昭和26年前後）」と言われるものは，戦後まもなくの混乱の中で経済的な貧困から窃盗に走るといった非行が増加した時期で，「第二の波（昭和39年前後）」は急速な経済成長の中で遊び型非行が増加した時期です。「第三の波（昭和58年前後）」は，校内暴力や家庭内暴力，いじめなど教育の中で起きる非行が増加した時期と言われています。さらに「第四の波（平成11年前

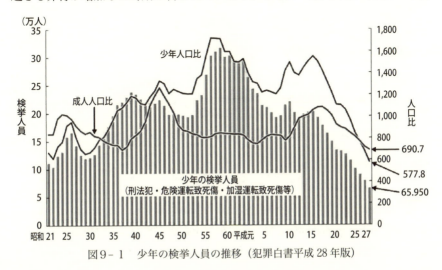

図9−1　少年の検挙人員の推移（犯罪白書平成28年版）

(平成27年)

罪　名	総　数		男　子	女　子	女子比	少年比
総　　　　数	49,248	(100.0)	42,552	6,696	13.6	19.8
殺　　　　人	64	(0.1)	58	6	9.4	7.0
強　　　　盗	437	(0.9)	412	25	5.7	22.0
放　　　　火	83	(0.2)	73	10	12.0	13.2
強　　　　姦	107	(0.2)	106	1	0.9	11.3
暴　　　　行	1,811	(3.7)	1,658	153	8.4	7.0
傷　　　　害	3,612	(7.3)	3,294	318	8.8	16.0
恐　　　　喝	663	(1.3)	607	56	8.4	29.5
窃　　　　盗	29,662	(60.2)	24,783	4,879	16.4	22.8
詐　　　　欺	896	(1.8)	763	133	14.8	8.5
横　　　　領	6,398	(13.0)	5,795	603	9.4	26.2
遺 失 物 横 領	6,356	(12.9)	5,755	601	9.5	27.2
矯正わいせつ	596	(1.2)	591	5	0.8	20.9
住　居　侵　入	1,619	(3.3)	1,466	153	9.5	34.5
器　物　損　壊	1,250,	(2.5)	1,119	131	10.5	20.4
そ　の　他	2,050	(4.2)	1,827	223	10.9	13.8

表9-1　少年事件の罪名別動向（犯罪白書平成28年版）

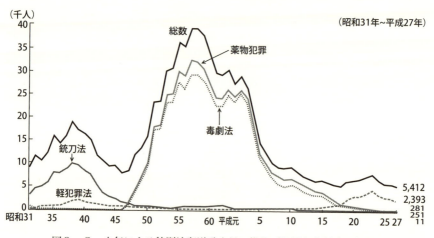

図9-2　少年による特別法犯送致人員の推移（犯罪白書平成28年版）

後）は，いわゆる「普通の子ども」が突然凶悪な犯罪をするような非行が増えた時期と考えられています。

　統計資料を見る限り，少年非行の数は明らかに減少しており，表9-1に見る刑法犯少年の罪名別動向を見ても半分以上が窃盗犯で，凶悪犯罪は非常に少ないことが分かります。

第9講　反社会的問題行動への理解と現場での対応　　*95*

　一方，図9－2に見られるように，違反で補導される少年は最近に至り再び増加している傾向にあることから，凶悪犯罪こそ数が減っているものの軽い非行については数が増えているという現状があります。

5．少年非行の処遇

（1）非行少年の分類

　「少年法」では，非行少年を次の3つに分類しています。

　a．罪を犯した少年（犯罪少年）

　b．14歳に満たないで刑罰法令に触れる行為をした少年（触法少年）

　c．次に掲げる事由があって，その性格又は環境に照らして，将来，罪を犯し，又は刑罰法令に触れる行為をする虞のある少年（虞犯少年）

　　イ　保護者の正当な監督に服しない性質のあること。

　　ロ　正当の理由がなく家屋に寄りつかないこと。

　　ハ　犯罪性のある人もしくは不道徳な人と交際し，又はいかがわしい場面に出入りすること。

　　ニ　自己又は他人の徳性を害する性癖のあること。

　このように「犯罪少年」と「触法少年」の違いは，14歳よりも上か下かという年齢の違いです。14歳未満の少年は刑事責任能力がないものとして「触法少年」として処遇されることになります。同じ学年の子どもたちが同じ事件に関与していても，14歳より上か下かで処遇が変わってきます。このことは，学年という単位で考えがちな子どもたちにしてみれば大きな違和感となります。また，「犯罪少年」が14歳からであるというのも実際には大きな問題となります。なぜならばこの時期は，学校でも個人的にも徐々に今後の進路のことを考える必要に迫られる時期だからです。

　「ぐ（虞）犯少年」とは，現在は犯罪も触法行為もしていないが，このままにしておくと将来犯罪少年や触法少年となってしまう「虞（おそれ）」を有している少年のことを言います。非行の深化を防止するために，警察などの司法機関はこうした少年に対しては予防的に介入することが認められています。これも，多くの子どもたちにしてみれば全く知らないことといえるでしょう。

このように，非行少年の分類だけを見ても，法律上の論理は子どもたちの考えることとかけ離れている可能性があることが分かります。ひょっとすれば彼らは自分が「非行少年」という範疇に入ることすら理解していないかもしれません。

（2）少年事件の処遇の実際

非行を犯した少年はどのように処遇されることになるのでしょうか。ここでは法務省が示している非行少年の処遇についての概略（図9－3）を説明したいと思います。

犯罪少年の起こした事件が，罰金以下の刑に当たる事件の場合，家庭裁判所に送致されます。それ以外の事件の場合，検察官に送致されます。検察官は，

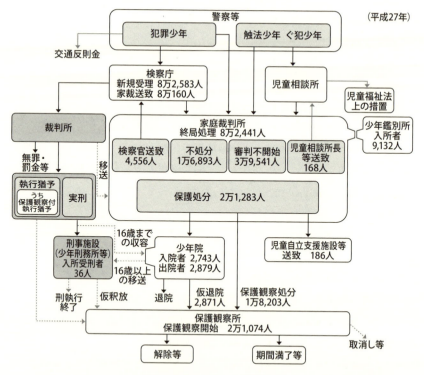

図9－3　非行少年に対する処遇の流れと対象者数（平成28年度犯罪白書）

捜査終了後犯罪の嫌疑があると認めるとき，または家庭裁判所の審判に付すべき理由があると認めるとき事件を家庭裁判所に送致します。

　一方，触法少年と14歳未満のぐ犯少年の場合，児童福祉法上の措置が優先されます。児童相談所長は，通告を受けた少年について家庭裁判所の審判に付すことが適当であると認めた場合家庭裁判所に送致します。

　14歳以上のぐ犯少年が発見された場合，家庭裁判所に送致されます。ただし，18歳未満で児童福祉法の措置が必要であると認められた場合は児童相談所に通告されます。

　家庭裁判所では家庭裁判所調査官が必要な調査を行います。さらに，審判を行うために必要があるときは，観護措置の決定により，少年を少年鑑別所に送致します。少年鑑別所では，送致された少年を収容して，医学，心理学，教育学，社会学その他の専門的知識に基づいて鑑別と観護処遇を行います。

　家庭裁判所は調査の結果に基づき，審判不開始または審判開始の決定をします。そして，審判の結果保護処分にすることができます。保護処分には，保護観察，児童自立支援施設・児童養護施設送致，少年院送致などがあります。

　児童相談所では児童福祉法に基づき，必要に応じて一時保護の措置がとられます。一時保護中は，医学的，心理学的，福祉的な診断が行われます。児童相談所長は，診断の結果に基づき，援助指針を決定し，必要に応じて訓戒・誓約，助言指導，児童福祉司指導，児童自立支援・児童養護施設送致等の児童福祉施設送致の措置を行います。

　このように，児童福祉法や少年法での処遇の場合，起こした事件が大きければ大きいほど，非行を繰り返せば繰り返すほど子どもたちの教育に配慮がなされる余地は少なくなります。子どもたちにとって，これは大きな衝撃となってしまうようです。

6. 少年非行と犯罪の違い

　アメリカの犯罪学者モフィットは，犯罪や非行を犯す者を「青年期反社会性タイプ」と「生涯反社会性タイプ」の2タイプに分けています。「青年期反社会性タイプ」とは，思春期から青年期にかけて，いわゆる「やんちゃ」をする

者たちです。その多くはこの時期が過ぎると非行は見られなくなり，ごく普通の落ちついた生活をするようになります。この時期の非行は，本人の第二次反抗期や成長に伴う感情の不安定さといった本人の発達段階と密接に関連していると考えられます。一方，「生涯反社会性タイプ」は生涯にわたって犯罪を繰り返す者たちのことを言います。ただし彼らは，人口比で言うとわずか数％しかいません。少年非行をする多くの子どもたちは，一過性の「青年期反社会性タイプ」であると言うことができるでしょう。だからこそ，彼らには彼らなりの指導を考えていくことが必要となります。

7．思春期・青年期の特性

　彼らの特徴とは何でしょうか。精神科医の鍋田（2007）は，思春期について「否応なく心身の内的なメカニズムや特性が変化・変容に出会う」危機的な時期であるとし，身体の変化，自己の変化，認知の変化，対象関係の変化から思春期の特徴を分析しています。認知の変化について鍋田は，想像力や思い込みが高まることにより悩みを結晶化させやすく，個人的な苦しみを世界観に広げやすい。また，心の世界に形成され続けてきたイメージが結晶化し表象として機能し出すために，現実とはかけ離れた極端に理想化された自己や最悪な自己に振り回されやすいと述べています。つまり，自分や自分を取り巻く世界について，自身の狭い世界観の中で分かったと思ってしまう危険性を持っているといえるでしょう。思春期のこうした混乱を経て，青年期の発達課題であるアイデンティティは獲得されていくことになります。

　こうした混乱は，思春期・青年期のさまざまな問題に影響しています。たとえば斉藤（2007）は，「社会的引きこもり」の背景に視野の狭さやかたくなさといった思春期独特の考え方があるとしています。

　彼らは彼らの狭い価値観や論理の中で自分のした行為を考えてしまいます。これを非行に当てはめた場合，結構大きなことをしでかしても自分の先輩は大丈夫だったから，自分も大丈夫だろうなどと考えてしまう可能性が考えられるのです。本人たちが意図していない状況で警察等の強い介入があった場合，彼らは深く傷つくことになるでしょう。これが更生に向かう力になれば良いので

すが，こうした体験から被害的になったり反発を強めてしまったりすることもあります。これをきっかけにかえって反社会的な集団とのつながりを強め，「箔がついた」と勘違いする者も出てくるかもしれません。また，自分がだめだと考え，心を閉ざしてしまう者も出てくるかもしれないのです。

グループワーク

「中2病という言葉を知っていますか？　皆さんの中2病エピソード，またはその当時の「黒歴史」（話せる範囲で）についてお互いに話し合ってみましょう」

8．情報提供と落とし前

　教育相談でできる反社会的問題行動に対する関わりを，「情報提供」と「落とし前」という2つのキーワードで考えていきたいと思います。

（1）情報提供

　情報提供とは，本人の犯した問題行動がどのような罪名に当たるのか，そしてこのまま問題行動を続けていった場合，児童福祉法や少年法に照らし合わせてどのような処遇や指導を受けることになるのかを具体的にわかりやすく説明することを言います。

1）情報提供をする意味

　情報提供をすることにより，子どもは自分がどのような状況に置かれ，このままの行動を続けていると，今後どのようになっていくおそれがあるのかを理解することができます。本人が自分の置かれた状況を理解できなかったり，反抗的だったりすると，そのままでは相談を進めることはできません。適切な情報提供により，子どもは自分の行動に関して当事者として悩むことができるようになるのです。「友人との関係を切ることができない」，「どうしても夜家を出ることをやめられない」，「万引きを止められない」など，自分の悩みに直面することによって，教員側も初めて相談に乗ったり，助言したりすることができるようになります。また，本人の悩みが心理的な問題に関連している場合には，スクールカウンセラーと連携しながら相談を進めていくことも有意義でしょう。

2）情報提供の実際

適切な情報提供をするためには，情報提供をする側が先に述べた少年事件の処遇の流れをしっかりと理解しておく必要があります。

子どもたちは，自分が所属する学校を中心に物事を考えることが多いといえます。しかし先にも述べたように，起こした事件が大きければ大きいほど，学校が関与できなくなっていくことや，自身の進路の問題とも関係してくることをしっかりと理解してもらう必要があります。

情報提供をする際には，叱っても意味はありません。むしろ，今後どうなる可能性があるのか，事実だけを淡々と話すことが大事です。そして，「後は君次第だよ」とはっきりと伝えるのが良いでしょう。

3）事例「中学3年男子の問題行動」

学校を休みがちだった男子生徒の，不良交遊と深夜徘徊，止めようとした母親への暴力が，母親からの相談で判明しました。学校では急遽対策会議を開き，本人と母親を呼び出し，情報提供を行うことを決めました。情報提供をする場所は校長室，その場に立ち会うのは，校長，教頭，生徒指導主事，担任，スクールカウンセラーとし，生徒指導主事が情報提供の担当，それ以外の参加者は説明中うなずくだけとしました。

当日，重々しい雰囲気の中で情報提供が行われました。このまま問題行動を起こしていった場合，少年鑑別所に観護措置されることもあること，鑑別所では鍵のかかる部屋に入れられることを説明されたあたりから，本人の顔色が変わりはじめ，最後に「後はおまえ次第だよ」と担任に言われたとき，彼は青ざめた顔で「はい」とうなずきました。その後彼は，問題行動をやめ，スクールカウンセラーのもとへ来談するようになりました。

（2）落とし前

「落とし前」とは，教育の中でできる彼らがしたことに見合った償いのことを指します。これは具体的で毎日実施できることが重要です。ちなみに，「3歳児の火遊び」事例では，毎日玄関の靴を並べることが「落とし前」となり，彼は毎日それに取り組みました。

1）苦行療法としての「落とし前」

家族療法家のヘイリー（1988）は苦行療法（Ordeal Therapy）を提唱し，苦行を「変化を求めてきた患者の問題に，それぞれ適当な苦行，すなわち症状よりもっとつらい苦行を課すこと」と定義しています。本講で言うところの「落とし前」はこの「苦行」に相当するものといえるでしょう。彼は苦行についてできれば本人との共同作業で選択し，本人の利益になり実行可能で明確なものが望ましいとしています。

衣斐（1999）は児童相談所の立場から，子どもの反社会的問題行動に対する介入モデルを提示しています。この介入モデルは，①治療システムを形成し，問題解決に対する子どもの意志と家族の凝集性の高さを確かめ，②子どもの課題行動を決めそれを家族でサポートし，問題再発時に家族で行う罰則規定を決め，③その後解決志向的に肯定的な話題を中心としたフォローアップを行う，というものです。この中では，「子どもの課題行動」が「落とし前」に当たります。重要なのは罰則規定を含めた家族のサポートです。本人が課題行動を行わなかった場合，本人ではなく他の家族が自分たちで決めた罰則規定に取り組むのです。こうしたシステムを作ることにより，本人の課題行動に対して家族のサポートが得られるようになります。これにより，本人も課題行動に毎日取り組むことができるようになります。課題行動の遂行が定着すれば，その後は毎日できていることを話題にフォローアップを行っていくことになります。

2）「落とし前」の実際

「落とし前」は，自分が迷惑をかけた社会や相手に対して「何かをすること」が重要です。謹慎したり，反省文を書いたりすることは落とし前とはいえません。また，本人がした行動と反対の方向性を持つもの，たとえば傷つけた場合には慈しむ・育てる，盗んだり奪ったりした場合には与える・奉仕する，反発したり従わなかった場合にはある対象と粘り強く関わる等，が効果的のようです。何よりも重要なことは，ヘイリーも述べているように本人自身が「落とし前」を決められるよう支援することです。そのために，子ども本人が決められるまで粘り強く対応する必要があります。

先ほど述べたように，できるだけ家族の協力を取り付け，本人が「落とし前」を実施できなかった場合に罰則規定を行ってもらうようにすると効果的です。学校の中で行う場合，教師が本人の「落とし前」実施を励ましたり，協力

したりすることにより，本人の動機付けが高まります。

3）事例「中学校の中での盗み」

中学校の貴重品袋からお金が盗まれるという事件が数回発生しました。1人の男子生徒が犯人らしいことはわかったのですが，本人は頑として盗んだことを認めません。結局，スクールカウンセラーが面接することとなりました。

スクールカウンセラーは，疑われるのはつらいことだと本人の立場を認め，「この学校に盗みというものがあるから，君も不当に疑われてしまうのだ」という話を本人と共有しました。その上で，学校の中に存在する「盗み」撲滅に協力してくれないかとお願いをし，彼も快く了承してくれました。

その後彼は，美術教師の協力の下，盗み撲滅のポスターを描き，完成されたポスターをこっそりと学校の中に貼ることを繰り返しました。彼は5枚のポスターを書き上げました。その後学校の中で盗みが問題となることはありませんでした。

グループワーク

「本講の冒頭で述べた事件の若者たちに適当な「落とし前」は何でしょうか。グループで考えて下さい」

9．おわりに

非行を犯した本人が立ち直りの気持ちを少しでも持っているのであれば，学校はそれに対して協力することが重要です。しかし，あまりにも本人の起こした非行が重大なものであった場合，また非行が繰り返される場合，学校教育の範疇から外れてしまうこともあります。どこまでが学校教育の中でできることで，どこから矯正教育に任せるのか，その判断が重要になります。

【第9講の参考文献】

原田隆之　2015　「入門　犯罪心理学」　講談社現代新書

法務省　2016　「平成28年度　犯罪白書」

鍋田恭孝　2007　「序論―思春期という時代・思春期危機の意味」　鍋田恭孝（編）思春期臨床の考え方・すすめ方　金剛出版，21-35.

斉藤環　1998　「社会的ひきこもり―終わらない思春期」　ＰＨＰ新書

ヘイリー，J.（著）　高石昇・横田恵子（訳）　1988　「戦略的心理療法の展開―苦行療法の実際」　星和書店

第10講 若者支援：不登校・ひきこもり・退学者等の 具体的な支援

1. イントロダクション

　教育相談を展開する際に，学校でどこまで何ができるかについて考えることがあります。言い換えれば，学校ではどこからができないかを考えることでもあります。たとえば，不登校，ひきこもり，退学者等は学校から離れる存在として見られますが，学校から離れても「問題」は継続していることもあります。そこで，教育相談では，外部機関との連携を行うことがあります。ここでは，地域の医療，福祉および心理等の専門機関との連携の例として，地域若者サポートステーションの概要およびその連携について紹介します。

2. 地域若者サポートステーションの支援内容と利用者の特徴

（1）支援内容

　地域若者サポートステーション（以下，サポステと表記）は，働くことについてさまざまな悩みを抱えている15歳～39歳までの若者が就労に向かえるようにする支援機関です。厚生労働省からの委託を受けたNPO法人等が実施しており，北海道から沖縄まで全国に設置されています。サポステによってさまざまな支援を行っていますが，主に下記のような支援を行っています。

1）専門家による，1人1人の状態にあわせた相談

　キャリア・コンサルタントなど若者支援の専門家が，総合的な相談を実施します。1人1人に適切な支援メニューを作成して，利用者のステップアップをフォローします。なお，サポステによっては，メンタル面のサポートが必要な利用者に臨床心理士等によるカウンセリングを実施しているところもあります。

2）ステップアップのためのプログラム

コミュニケーションのスキルを上げるためのグループワーク，職業人による講

話，面接訓練など，段階に応じたプログラムを実施します。

3）職場見学・職場体験

実際に働いている人がいる場所へ見学および体験することで，「働く」ことを学びます。

4）保護者向けの支援

保護者を対象としたセミナーや個別相談などを開催し，自分の子どもへの接し方や，保護者自身の悩みへの相談などにも応じます。

また，サポステの特徴は，以下のような地域の若者支援機関のネットワークを活用している点です。地域の医療，福祉および心理等の専門機関との連携があることが分かります。

- ・就労支援機関（ハローワーク，ジョブカフェなど）
- ・教育機関（高校，教育委員会など）
- ・保健・福祉機関（発達障害者支援センター，精神保健福祉センター，福祉事務所など）
- ・行政機関（地方自治体の若者自立支援担当部署など）
- ・地域社会（自治会，町内会など）
- ・ニート等の若者の支援を実施しているNPO法人

（2）利用者の特徴

サポステを利用する若者の特徴を示す全国規模の調査は数が少ないのが現状です。社会経済生産性本部の『ニート状態にある若年者の実態及び支援策に関する調査研究報告書』（2007年）と『地域若者サポートステーション事例集 2007年度』（2008年）から見えてくる特徴をまとめると下記のようになります。

- ・男性が7割程度
- ・25〜29歳の年齢層が多い
- ・最終学歴として大学・短期大学を卒業した者が最も多い
- ・7〜8割程度に職業経験がある

また，これまでの生活経験に注目してみると，下記のようなことについて経験を有する者が多い特徴も見られます（カッコ内の数字は「経験あり」の比率）。

・学校でいじめられた（55.0%）
・ひきこもり（49.5%）
・精神科又は心療内科で治療を受けた（49.5%）
・不登校になった（41.4%）

なお，発達障害の診断がある者と，発達障害の疑いがあると相談員が判断した者をあわせると全体の3割以上であったことが宮本（2015）により報告されています。

3. 地域若者サポートステーションは発達障害者の支援機関なのか

サポステは発達障害者の支援機関なのでしょうか。古賀（2010）は，サポステは「障害者」という名前がつかない就労支援機関であるからこそ，発達障害を認識していなく，かつ仕事もうまくいかない若者が集まりやすいことを指摘しています。また，中野（2010）は，サポステに来所する発達障害の疑いのある人（グレーゾーンの若者）が診断を受けていないケースを4つに分類しています。

1. 本人や保護者の自覚がないケース
2. 本人の自覚はないが，保護者がそれなりに気付いているというケース
3. 本人はそれなりに「自分は他人と違っている」と気づいているのだが，保護者が認めないケース
4. 本人も保護者もそれなりの自覚はあるが，医療機関につながっていないケース

そして，中野（2010）は，以下のように，サポステが発達障害者に特化して相談を担うことに疑問を投げかけ，グレーゾーンの若者の相談を受けて，必要に応じて発達障害者向けの支援機関につなげることの重要性を述べています。

「地域若者サポートステーションが発達障害者に特化して相談を担うべきでしょうか。たまたま来所した若者がそうであることもありますが，それを前段に出して相談を受けることには疑問があります。なぜなら，発達障害の相談ならば本来業務としての発達障害者支援センター，障害者職業センター，そして地域生活支援センターがあります。やはり，サポステの役割としては，前述したようなグレーゾーンの若者の相談を受け，必要であるならば発達障害者支援センターにつなげることが重要であると思います。」
(p111-112)

このように「結果的に」，サポステに発達障害の疑いのある若者が集まり，支援が行われている現状があるという点には注意が必要です。障害未認定であっても申請すれば受けられると推定できる若者の場合は，サポステで総合相談を継続するなかで障害の受容までを行い，その後，専門機関へリファーできるかもしれません。しかし，発達障害であることが診断されているケースの場合は，最初の選択として，サポステの利用が本当に良いのか考える必要があります。少なくとも，本人が「あちこちの支援機関にたらい回しにされた」と思うことは避けたいものです。

4．どのような目的で支援機関に訪れるのか

無業状態の若者は，どのような目的で支援機関に来所するのでしょうか。特定非営利活動法人育て上げネットの『若年無業者白書：その実態と社会経済構造分析 2012-2013』（2013年）では，「高校や大学などに進学しておらず，独身であり，ふだん収入となる仕事をしていない15歳～39歳までの個人」を若年無業者と定義し，求職活動をしている「求職型」，求職活動はしていないものの就業希望を表明している「非求職型」，求職活動をしておらず，就業希望を表明していない「非希望型」の３つのタイプごとに，来所目的を尋ねています。表10－1に，それぞれの項目に該当する者の割合を示しました。それぞれ上位５つについて「求職型」は網掛けを，「非求職型」は外枠を，「非希望型」は黒塗りを施しました。どのタイプでも上位を占めていた項目は，「働く自信を

第10講　若者支援：不登校・ひきこもり・退学者等の具体的な支援　*109*

つけたい」「漠然とした不安を改善したい」「コミュニケーションの苦手意識を改善したい」でした。言い換えれば，支援機関に訪れる若年無業者にとっては，働く自信がないこと，漠然とした不安があること，コミュニケーションの苦手意識があることが妨害要因になっていると考えられます。また，タイプごとの特徴に注目してみると，求職型は「ブランクがあるので履歴書や面接対策をしたい」というニーズが，非求職型は「社会性を身につけたい」というニーズが，非希望型は「生活改善したい」というニーズがあることが分かります。言い換えれば，支援機関に訪れる若年無業者の中でも，求職活動をしている者は，仕事のマッチングや選考過程に関連することが課題となり，まだ求職活動はしていないものの働きたいと思っている者は，社会性を身につけること，支援機関に訪れてはいるもののまだ働きたいとは思っていない者は，生活がまだ改善されていないことが課題となっていることが考えられます。

表10-1　若年無業者の来所目的

	求職型	非求職型	非希望型
働く自信をつけたい	48%	63%	34%
自分に合う仕事をしたい	45%	54%	22%
漠然とした不安を改善したい	32%	44%	26%
コミュニケーションの苦手を改善したい	30%	50%	32%
ブランクがあるので履歴書や面接対策をしたい	28%	38%	10%
社会性を身につけたい	26%	45%	28%
仕事のイメージを深めたい	21%	31%	14%
生活改善したい	18%	32%	25%
集団行動を身につけたい	14%	27%	15%
仲間が欲しい	11%	19%	12%
新卒で就職活動をしたい	3%	6%	1%

注）それぞれ上位5つに対して網掛け，外枠，黒塗りを施した

注）下記出典をもとに筆者が作表
出典：特定非営利活動法人育て上げネット　2013　『若年無業者白書：その実態と社会経済構造分析 2012-2013』　株式会社バリューブックス

グループワークのテーマ

「Q1：若年無業者のひとつの特徴は，コミュニケーションに対する苦手意識
でした。「求職型」「非求職型」「非希望型」それぞれにおいて，「コミュニ
ケーション」とはどのようなことを指していると思いますか。「表10－1若
年無業者の来所目的」の結果を見ながら，近くの人と話し合ってください」

「Q2：あなたは高校の教師です。学校卒業後に就職を希望する生徒が集まる
3年生のクラス担任をしています。クラスの生徒の1人が，最近，学校を休
みがちになっています。その生徒本人は「コミュニケーションが苦手」と思
っていることが分かりました。教育相談を進めていくうえで，誰からどのよ
うな情報を集めることができると思いますか。また，集まった情報からどん
なことができると思いますか」

5．教育機関と地域若者サポートステーションの連携

上述したように，サポステの特徴は，地域の若者支援機関のネットワークを
活用している点です。ここでは，教育機関とサポステの連携の例を見てみたい
と思います。主には高校等に出向いて出張授業や出張相談を行うものを取り上
げました。各サポステの取り組み内容と始まりの経緯や成果等を表10－2に示
します。なお，以降には現在形で各取り組みを紹介していきますが，年度によ
って取り組みは変更になることもあります。

神奈川県の湘南・横浜若者サポートステーションでは，かつては卒業後ない
しは退学後にサポステへの来所を促していました。しかし，面識がないため必
ずしも支援につながってはいない実態がありました。そこで，高校在学中に
サポステの相談員と個別相談を通して信頼関係をつくる取り組みを始めていま
す。

三重県の若者就業サポートステーション・みえでは，高校内の「就業支援相
談室」で生徒や保護者を対象にした出張相談を開催しています。初回面談時に，
先生との情報交換・共有の了解を取り，本人の全体像や，進路希望等を把握し，
進路等の提案・指導を行います。学校側と情報共有をし，進路指導の方向性を
合わせます。高校側から依頼があって始まった取り組みです。これはサポステ

第10講　若者支援：不登校・ひきこもり・退学者等の具体的な支援　*111*

が実施している支援内容について学校側の理解が進んだことを物語っています。

　群馬県のぐんま若者サポートステーションでは，正規授業の中でサポステの支援内容をＰＲしています。生徒からは，「卒業後は就職訓練に行くが，働くのはちょっとこわいので相談したいと思う」など，必要になったときにサポステを利用してみたいという感想を得ています。また，教員からは，卒業前に社会資源とつながっておくことや，サポステを知ってもらうことが重要であることについて理解を得ています。

　山口県のしゅうなん若者サポートステーションでは，進学校に在籍しながらも就職を希望する生徒を対象にして，「総合」の授業の中で面接のロールプレーやビジネスマナーを実施しています。この取り組みを県の教育庁で紹介することにより，コミュニケーションが苦手な生徒や発達障害と思われる生徒がいることなど，各学校で苦慮している実態に関する意見を得ています。そして，このことがアウトリーチの実現に向けての一歩につながったとしています。

　長崎県の長崎若者サポートステーションでは，離島や半島等の遠隔地で，パソコン講座と出張相談会を組み合わせて開催しています。資格取得等の足掛かりとなるような工夫をするとともに，就職未決定卒業生や中退者の支援対象者との就職相談にもつなげるという取り組みです。その後，教育，福祉，保健に関連した支援機関からは，同様の取り組みの依頼がありました。また，離島・半島からも「長崎市の者ではないのですが…」という問い合わせが増えました。

　以上見てきたように，教育機関とサポステの連携では，若者支援における「発見・誘導」の役割が期待されている側面もあることが分かります。

表10-2 教育機関と地域若者サポートステーションの連携の例

都道府県	実施機関	取り組み内容	始まりの経緯や成果等
神奈川	湘南・横浜若者サポートステーション	毎週または隔週で相談員が高校に出向き，学校内で個別相談を実施。先生とは異なる立場の相談員がゆっくりと話を聞き信頼関係を作るところから始まる。学校内で行う相談は，個人情報の同意を得た上で教員と情報を共有。	卒業後や退学後に面識のない支援団体に一人で足を運ぶ事が難しい生徒が多かったこと，一度は来所しても定着しなかった事例が多かったことから在学中に学内で支援をスタートすることにした。
三重	若者就業サポートステーション・みえ	高校内の「就業支援相談室」で就業に関する悩みや課題を抱えている生徒や保護者を対象。面談を通して進路等の提案や指導。	高校側から進路指導の支援依頼があったことがひとつのきっかけ。教頭や進路指導主事と話し合って取り組みを開始。
群馬	ぐんま若者サポートステーション	正規授業の中でサポステをPR。進路選択に立ち止まったとき，就職後に離職したときなどにサポステを利用した若者の事例も合わせて，具体的な利用方法を説明。	生徒からは，必要になったときにサポステを利用してみたいなどの感想を得た。教員からは，卒業する前に生徒が社会資源とつながっておくことの重要性について理解を得た。
山口	しゅうなん若者サポートステーション	希望進路ごとにクラスに分けて「総合」の授業を実施する高校が対象校。就職を希望する生徒が集まるクラスで面接のロールプレーやビジネスマナー講座を実施。	県教育庁高校教育課の「進路指導連絡協議会」で，この取り組みを紹介し，コミュニケーションが苦手な生徒や発達障害と思われる生徒がいるなど，各学校で苦慮している実態に関する意見を得た。アウトリーチの実現に向けての一歩を踏み出した。
長崎	長崎若者サポートステーション	離島や半島等の遠隔地で，出張相談会とパソコン講座を組み合わせて開催。資格取得等の足掛かりとなるような工夫をするとともに，就職未定卒業生や中退者の支援対象者との就職相談にもつなげる。	教育，福祉，保健に関連した支援機関から同様の取り組みの依頼があった。離島・半島からも「長崎市の者ではないのですが…」という問い合わせが増えた。

注）以下の出典をもとに筆者が作表
出典：日本生産性本部　2012　『地域若者サポートステーション事業事例集　平成23年度版』

6. 地域若者サポートステーションという卒業後の進路

　最後に，サポステを卒業後の進路先のひとつとして扱っている事例をみてみたいと思います。東京都秋留台高等学校とサポステの連携例です。同校は，エンカレッジスクールです。学力検査を行わない入学者選抜，2人担任制，総合的な学習評価（授業態度，小テストなど日頃の取り組みや努力の積み重ねの評価）などの特徴があります。学校のHPには，「中学校まで学習に十分力を発揮できなかった生徒や，高校入学後あらためて学びなおしたいと考えている生徒を，励まし，応援し，自信を与え，潜在的能力を伸ばすことを目的としています」と書かれています。このような特徴のある高校ですが，進路が就職でも進学でもなかった生徒のうち，サポステに仮登録をした生徒をカウントしています。同校の「平成26年度（36期生）進路概況」をもとにして進路の内訳を示します（表10-3）。就職者は109人（48.7%），進学者は進学94人（42.0%）でした。多くの高校ではこの2つを合わせて進路決定とし，それ以外を進路未決定として扱います。ところが，同校では，就職でも進学でもないものの，サポステの仮登録をした11人（4.9%）を進路決定としています。この意義は，卒業までに進路先が決まらなかった生徒をひとまとめにするのではなく，進路先が決まらなかったものの，卒業後に相談できる支援機関につながっている者とそうでない者を分けていることといえるでしょう。学校で展開してきた教育相談をひとまず終え，その後を支援機関につなげる丁寧な作業であると思います。

表10-3　東京都秋留台高等学校における進路概況（平成26年度）

	人数	割合
就職	109	48.7%
進学	94	42.0%
サポステ	11	4.9%
上記以外の進路未決定	10	4.5%
合計	224	

【第10講の参考文献】

古賀和香子　2010　「障害の受容から始まる支援」梅永雄二（編）『仕事がしたい！
　発達障害がある人の就労相談』　明石書店　p122-136.

社会経済生産性本部　2007　『ニート状態にある若年者の実態及び支援策に関する調査
　研究報告書』

社会経済生産性本部　2008　『地域若者サポートステーション事例集 2007年度』

特定非営利活動法人育て上げネット　2013　『若年無業者白書：その実態と社会経済構
　造分析 2012-2013』　株式会社バリューブックス

中野謙作　2010　「地域若者サポートステーションに来る発達障害をもつ若者たち」梅
　永雄二（著）『発達障害者の理解と支援：豊かな社会生活をめざす青年期・成人期の
　包括的ケア』　福村出版　p101-121.

日本生産性本部　2012　『地域若者サポートステーション事業事例集 平成23年度版』

宮本みち子　2015　「若年無業者と地域若者サポートステーション事業」『季刊社会保
　障研究』51（1），p18-28.

第11講 児童・生徒個人の力・集団の力を利用する
～資源は教員の力だけじゃない

1．個人の力や特性を把握し，利用する

　第1講・第7講で見たとおり，個人の中にはそれぞれ好奇心や向上心あるいは優しさや強さなどのほか「人を喜ばせたい」「協力して何かを成し遂げたい」という思いや気持ちがあります。好きな人・嫌いな人あるいは得意な人・不得意な人もいるでしょうが，うまく協力できれば「1人では成し遂げられないこと」もできるようになります。自分の気持ちをうまく行動に表現して相手を喜ばせたり助けたりすることができれば，それは児童・生徒にとって大きな自信になるでしょう。相手に喜ばせてもらったり助けてもらったりした経験は，児童・生徒にとって大きな宝になります。そうした児童・生徒は，他の児童・生徒を喜ばせたり助けたりできるようになります。

　そのためにも教員は児童・生徒1人1人の問題（リスク）だけでなく特徴や長所を幅広く把握しておく必要があります。教科の成績（理解度）や真面目さ，音楽や図工，技術・家庭の上手下手だけでなく，興味や関心，人間関係，価値観や人生観など幅広く理解することで，児童・生徒1人1人が伸び伸びと活躍できる場面をより多くしてあげることができ，児童・生徒の組み合わせ（協力）による達成成果の最大化も支援することができるかもしれません。児童・生徒同士がお互い1人1人の興味や関心，長所を肯定的に理解することで，児童・生徒同士の競争や反発だけでなく，クラス内の理解や協力が進むようにもなるでしょう。そうした「お互いに成長できる場」をファシリテートできるのも学級担任（ホームルーム担任）たる教員であると考えています。

2．グループ発達の特徴について理解する

　アメリカ集団精神療法学会（2014）はグループ発達を5段階モデルで説明し

ています（他書籍では4段階説を採るものもありますが，ここでは5段階説を
ご紹介したいと思います）。少々長いですが，引用しますと

①形成期／前親和期

　　ここでは，メンバーが近しい関わり合いに対して接近－回避的行動をとる
　特徴があり，親密性を特徴とするやりとりが見られることはまれである。メ
　ンバーはグループについての不安，アンビバレンス，不確かさを仄めかすだ
　ろう。リーダーへの依存は高く，それがグループ状況からの「回避」風土と
　交互に生じる。自己開示と治療目標の伝え合いが次第に起こるが，せいぜい
　ためらいがちなものである。すなわち，グループの目的とセラピストの役割
　を明確にし，グループ作業とメンバー参加のための指針を提供しなければな
　らない。扱い方としては，リーダーは対人距離の調整をする一方，信頼感を
　もたらし，メンバーが個人目標を見いだすのを助け，メンバー間の共通点を
　見いだすのがよい。それによって，グループの相互作用がより構造的で予想
　可能なものになっていくのである。

②動乱期／権力・統制期

　　メンバーはここで，情動的に関わりはじめる。リーダーの権威と「コンテ
　イナー」としてのグループの安全感が要求される。メンバーが上下関係を作
　ろうとするときに，サブグループが現れる。衝突と否定的な敵意感情の表現
　がよく見られる。リーダーの仕事は，グループが安全かつ成功裡にこの段階
　を乗り越え，よい作業同盟がメンバーの間に形成されるようにすることであ
　る。つまりグループの目的とメンバーの共通目標を再確認できるように動き，
　グラウンドルールと期待を強固なものにし，グループ凝集性とメンバー間の
　対人学習を促進しなければならない。扱い方としては，リーダーは否定的感
　情表現を引き出し，メンバーが衝突を発見して解決することを助け，発達途
　上にあるグループの潜在能力を明らかにするのが良い。グループの目的と一
　致しない行動は必要であれば直面化しなければならない。ただし，個人に特
　定役割のレッテルを貼ったり，サブグループを固定視したりすることは避け
　ねばならない。

③活動期／親和期

　　グループが前の段階の衝突をうまく乗り越えられたら，メンバーの信頼感，

関与，協力への動機が増し，グループ行動の規範は確立されたものになっていよう。この構造とともに，グループはより自由なコミュニケーションとフィードバック，そしてさらなる凝集性と開放性によって特徴づけられる。リーダーシップ機能はメンバー間に分散する。つまり，リーダーはあまり重要でなく，さほど活動的でなくともよくなるのである。扱い方としては，リーダーの介入は支持と直面化のバランスを維持することを目指すのがよい。リーダーの主な課題は，フィードバックについての作業過程や洞察を促進しつつ，現在展開しているやり方で問題解決を促進することである。この段階でメンバーがプロセスから脱線したように見えるときには，以前の発達的問題と再び向き合っているという可能性もあることに注意が必要である。

④遂行期／分化期

　グループは成熟に達し，相互援助のための創造的システムとして機能している。その一方でグループの強さと限界についてのメンバー間の認識が一層明確なものになる。その過程で相互依存と個人の差異についての率直な表現と受容が目立ってくる。グループにいられることや，グループ活動そのものが期限のあるものだということに触れたとき，そのアンビバレンスがワークスルーされれば生産的なものになるだろうが，回避されたりサブグループが再び作られたりするならば防衛的なものになるだろう。リーダーの関心は，グループが自分たちで運営していくことにある。介入レベルで言えば，リーダーはメンバー間の共感を促進し，メンバーが個人の違いを認め，それを展開していくことを助けるのが良い。また，メンバーレベルの問題とグループレベルの問題の両方に焦点を当てる介入を活用するのが良い。

⑤別離期／分離期

　終わりが見えてくると，グループは沸き上がる悲しみ，不安，怒りを経験する。グループが心理的支えの源になっていた場合にはとりわけ，治療の終わりを深い対象喪失として経験する。問題や症状が再発することもある。生産的な作業と否認や逃避のような防衛的な試みとが交互に起こる。加えて，将来の方向性や，治療過程を継続したり，得たことを維持したりするための計画を語ることもある。この段階では悲しみと感謝の両方の表現がよく見られる。リーダーの主な作業は，感情表現を助けるとともに未完の仕事に対し

て注意を向けることである。グループ経過の体系的な振り返りと評価を促し，グループが終わったあとの計画を立てるよう励まし，別れを告げる作業に関与するよう促さなければならない。後者の活動はきわめて重要な課題である。というのは，終結が適切に行われない限り，治療で得たものが消えてしまう可能性があるからである。

　これはあくまでグループサイコセラピー（集団精神療法）におけるグループ発達の話ですが，実際の学級集団などでも同様なことが起こっていると考えています。特に②動乱期／権力・統制期が長く続かないよう（サブグループが分裂したままにならないよう）に，グループワークをしたり席換えをしたり運動会や球技大会，学園祭などのイベントなどを活用したりしながら，学級担任（ホームルーム担任）は学級（集団）の雰囲気づくりを支援していく必要があると考えています。また自らも学級の一員として雰囲気づくりをしていく必要があります。

　その他にも社会心理学の世界では，集団の圧力による「促進効果」（競争することで作業速度が上がる）や「抑制効果」（みんなでやることで1人1人が手を抜く）も知られています。例えば，あまりに大人数でグループディスカッションをすると「発言しない」児童・生徒が増えてしまいます。また優秀な児童・生徒に毎回まとめ役を任せてしまうと，他のメンバーはその児童・生徒に任せきりになったりもします。こうした「集団で実際に起こること」を意識しながら，問題が起こらないように集団の運営をしていくことが学級担任（ホームルーム担任）に求められることになります。司会やまとめ，発表などの役割分担は，できるだけ交代するような工夫をすると良いでしょう。そうすることで役割の大変さに気付くとともに，役割を担ってくれる人への協力や感謝を学ぶことができるようになります。司会やまとめ，発表が苦手な児童・生徒もいると思いますが，そうした「司会やまとめ，発表が苦手な児童・生徒」を放っておかないメンバー形成を支援していくことが，また重要となるのです。

3．良い「グループ体験」をする

　第6講，第7講と一部重複しますが，個人が育ち，集団が育つためには，何度かの「よいグループ体験」をすることが重要です。例えば「口に2画を足して，漢字をたくさん考える」（例：田，目，四，由，甲，申，古，占，叶，号，叱，史，句，司，白，旧，且，囚，可，兄，右，石，只，台，召，叩など）というグループワークを (1) まずは1人で1分程度行う，(2) 隣の人と2人1組で1分程度行う，(3) グループ4人1組で1分程度行う，と順を追って行うことで，「1人では思いつかなかった漢字に気付く」「3人寄れば文殊の知恵」「協力することでアイデア（解決方法）が増える」「あまり親しくない人とも情報交換をしたほうがいい」ことを理解することができます。

　こうしたワークやブレインストーミングで，「1人では気づかなかったものが，みんなでやれば気づく」ことが体験的に理解できるでしょう。メンバーで意見を出し合うブレインストーミングでは，グループでアイデアが拡張・発展しやすいように，(1) 良い悪いの判断・結論はその場では出さない（するのは後で），(2) 変なアイデアでもとにかく口に出す，(3) 質より量を重視する，(4) アイデアの結合・相乗りを認める，などのルールを事前にインストラクションしておくことが重要です。

　一方で「たくさん出た意見を1つにする／整理する／まとめる」にはまた異なるスキルが必要となります。次項以降でいろいろなグループワークについて簡単に紹介したいと思います。

グループワークのテーマ

「コウと読む漢字を書く」(1) まずは1人で (2) 次に2人で (3) 4人グループで

「つくりに力が付く漢字を書く」※同様に

「ブレインストーミング：新聞のいろいろな使い道」※多く上がったチームに
　上がったものを発表してもらい，表彰する

「ブレインストーミング：傘のいろいろな使い道」※同様に

「ブレイングストーミング：レンガのいろいろな使い道」※同様に

「上記グループワークをやってみて，感じたこと・考えたことをグループで議

論してみましょう」

4．構成的グループエンカウンター

　学校で使えるグループワークの1つとして「構成的グループエンカウンター」
があります。ベーシックエンカウンターあるいはオープンエンカウンター（※
特定の構造がなく，誰が何を話し，そこで何が起こり，誰とどんな感情の衝突
があるか分からない自由なルールのグループワーク）とは異なり，構成的エン
カウンターでは導入時にねらいや内容，留意点などのインストラクションを行
った上で，短時間で終わる簡単で構造的なエクササイズから始めます。このた
めメンバーのストレスや抵抗を最小限に抑えた上で，グループワークの効果・
恩恵を確保することができます。またファシリテーター役に過大な知識や経験
が求められることもありません。ただしメンバーが誰かの発言などで傷つきそ
うな場合には，ファシリテーター（教員）が介入していく必要があります。実
施する教員は具体的には（1）インストラクション（グループワークへの具体
的な指示），（2）具体的なプログラム選択や構成・管理，（3）グループの観察・
介入に責任を持つことになります。

　こうしたグループワークを実施することで，児童・生徒は自分の特徴やクラ
スメンバーの特徴などの自己理解・他者理解を進めることができ，コミュニ
ケーション力の練習にもなります。またメンバーが一緒に協力して作業をする
ことで，1人1人の居場所作りにもなりますし，集団の凝集性が上がり，規範
意識や人間関係が作られやすいと言われています。

グループワークのテーマ

「任意の構成的グループエンカウンター（例えば相手とあいこになるようにじ
　ゃんけんをする「あいこじゃんけん」やじゃんけんに勝った人が質問する
　「質問じゃんけん」または「学校を10倍楽しくする方法」「私が学校に行く理
　由」「わたしのしたいこと」「10年後の私」などの議論あるいは「共同コラー
　ジュ」「共同絵画」などのワーク）をやってみる。やってみて感じたこと・
　考えたことをグループで議論する」

※「質問じゃんけん」の際には，答えたくないことは答えなくていいことを共有すること。

5．その他のグループワーク

　構成的グループエンカウンター以外にも，プロジェクトアドベンチャー（PA），ラボラトリー形式のグループワークなど，学校で活用できる各種のグループワーク体験について書かれた書籍があります。「学校グループワーク」などの書籍も刊行されています。こうしたグループワークで，「相手のいいところを探す」「協力して答を探す」「協力してグループ間で競争する」「それぞれ違う意見をグループで1つにまとめる」などの練習・訓練を擬似的に行うことができます。教員が構成を把握し，インストラクションを行い，必要に応じて介入を行うことで，望ましいグループ（人間関係）形成を支援することが可能となります。普段は意識してもなかなかとられない，友人以外の児童・生徒間のコミュニケーションや連携が図れます。

　その他にも1グループ当たり3〜4枚程度の紙を渡して（1）5分間の作戦タイムの後に，（2）1分間の実行タイムで行う「ペーパータワー」（紙は原則折って使うものとし，切ったり丸めたりして構わない。のりやセロテープなどの補強材料は禁止。作戦タイムには例えば3枚まで試作しても可などのルールを定める），あるいはA4の紙を3人組は6切れに，4人組は5切れに手で切り，その切られた紙をかきまぜてからメンバーにそれぞれの枚数を返し，A4の元の紙の形を早く復元したグループが勝ちという「ペーパーパズル」，はたまたマシュマロとパスタ，メンディングテープとひもを使って一定時間内に建てられるタワーの高さを競う「マシュマロタワー」（ネット上で検索可能）あるいはグループで協力してフラフープの高さを下げる「ヘリウムフープ」（こちらもネット上で検索可能）などのワークも，協力を学ぶのに楽しいワークです。ぜひ各種書籍やネット情報も参考に，児童・生徒にとって楽しく意味のあるグループワークを提示してあげてください。

グループワークのテーマ

「上記のうち任意のグループワーク（例えば広げた新聞紙にグループメンバー
　で立つ。半分ずつ折っていって，どのくらい小さくなるまでグループメン
　バー全員が立てるか）をやってみる。やってみて感じたこと・考えたことを
　グループで議論する」

6．遊戯的・ゲーム的な関わり

　例えば鬼ごっこをする，ドッジボールをする，トランプをするなど全員が
ルールを知っている遊びのような場合には，グループメンバーの名前や性格を
詳しく知らなくとも一緒に楽しむことができます。一緒に楽しむことで連帯感
も生まれ，親近感も育ちます。

　難しい（複雑な）グループワークをやる，あるいはグループで議論を行う等
の際には，まず簡単なアイスブレイクから始めることによって，次のグループ
ワークがやりやすくなることが知られています。

　学園祭での準備作業や運動会や合唱コンクールの練習などでも，導入を工夫
（自己紹介やアイスブレイク，遊びなどを導入）し，具体的な未来の目標のイ
メージを共有することで，その後の作業を「楽しく，仲良く，協力的に」行う
ことが可能になると考えています。

　集団内には社会的促進効果も社会的抑制効果も，あるいは傍観者効果や集団
圧力などの心理的機能が働く場合があります（第2項参照）が，こうした手段
の機能を理解した上で，うまく利用するあるいは問題を未然に防ぐことが重要
です。

グループワークのテーマ

「高オニ・手つなぎオニなどの鬼ごっこをしてみましょう。やる前とやった後
　でグループメンバーにどういう変化があったか，グループで議論してみまし
　ょう」

「これまでの学校内の集団活動（運動会，球技大会，学園祭，合唱コンクール，
　修学旅行など）で，楽しかったこと，あるいは協力により上手くいったこ

と・うまくいかなかったことを思い出してみましょう。どうすればクラスとしてのまとまりが出たか，どうすれば良い成果が出たか，グループで議論してみましょう」

7. まとめ

　学校生活を送るに当たっても，その先の社会人生活をするに当たっても，自己理解・自己主張と合わせて，他者への理解・他者とのやりとり・交渉・協力は欠かせません。他者と自分との違いを理解し，必要に応じ受け入れ，適切な主張・反論・妥協・協力をしていかなければなりません。

　こうした集団行動（あるいは集団の中での個人の行動・協力）は，高校・大学と進むにつれ，減少していきます。総合的学習の時間や道徳の時間等を用いたソーシャルスキルトレーニングやアサーショントレーニングによる主張・傾聴訓練と合わせ，早い段階から集団生活や集団行動に慣れさせ，適応させていくことも学校の1つの機能・効果と考えています。そのために児童・生徒1人1人の学校生活への適応を支援することも，学級担任（ホームルーム担任）をはじめとする教員の責任であると考えています。それは教員対児童・生徒という側面だけでなく，児童・生徒同士によるグループ活動（グループワーク）によって育まれる側面が大きいと感じています。ホームルームや総合的学習・道徳の時間に限らず，通常の教科や体育の時間あるいは運動会や球技大会，学園祭，修学旅行などの活動を通じても工夫できるものと考えています。グループワーク・グループ活動が「楽しい」「役に立つ」「（時には）難しいが必要だ」「みんなで何かを成し遂げた／作り上げた」と思える経験をさせてあげることが重要だと考えています。

※学校で教員がグループワークを実施するに当たっては，可能であれば教員が事前にそのグループ体験を積み，自分なりに十分に理解・消化しておくのがよいでしょう。日本教育カウンセラー協会のほかいくつかの団体が研修・ワークショップを用意していますので，参加してみてもいいかもしれません。また教員同士でグループワークを試してみることも効果的です。やればやるほど上手になりますので，まずは始めてみることをお薦めします。

【第11講の参考文献】

アメリカ集団精神療法学会　2014　『AGPA集団精神療法実践ガイドライン』　創元社

星野欣生　2003　『人間関係づくりトレーニング』　金子書房

星野欣生　2007　『職場の人間関係づくりトレーニング』　金子書房

岩瀬直樹・甲斐崎博史・伊垣尚人　2013　『プロジェクトアドベンチャーでつくるとっても
　楽しいクラス』　学事出版

甲斐崎博史　2013　『クラス全員がひとつになる学級ゲーム＆アクティビティ100』　ナツメ社

國分康孝・國分久子（総編集）　2004　『構成的グループエンカウンター事典』　図書文化

向後礼子・山本智子　2014　『ロールプレイで学ぶ　教育相談ワークブック』　ミネルヴァ
　書房

日本学校GWT研究会（編）　2003　『学校グループワーク・トレーニング3』　遊戯社

坂野公信監修　2008　『改訂　学校グループワーク・トレーニング』　遊戯社

坂野公信監修　1996　『協力すれば何かが変わる　続・学校グループワーク・トレーニング』
　遊戯社

谷口淳一ほか編著　2017　『エピソードでわかる社会心理学』　北樹出版

津村俊充　2012　『プロセス・エデュケーション』　金子書房

津村俊充・山口真人（編）　2005　『人間関係トレーニング　第2版』　ナカニシヤ出版

山岸俊男（監修）　2011　『徹底図解　社会心理学』　新星出版社

アーヴィン・D・ヤーロム　2012　『ヤーロム　グループサイコセラピー　理論と実践』
　西村書房

第12講　日常の学校生活を活用する ～アクティブ・ラーニング，キャリア教育，進路指導・生徒指導との関連

1. アクティブ・ラーニングとは

　ここ数年，中央教育審議会ではアクティブ・ラーニングの議論が盛んにされています。教育課程企画特別部会（以下「部会」）は2016年8月「論点整理」を報告し，次期学習指導要領について，社会に開かれた教育課程を実現する，また「何ができるようになるのか」「何を学ぶのか」「どのように学ぶのか」を構成する必要があることを指摘し，その議論の流れの主要な論点としてアクティブ・ラーニングを紹介しています。本書でもその都度取り上げている「なぜそれをやらなければならないのか」という意味・意義（あるいは影響）を，児童・生徒自らが理解する必要性です。

　近年，大学におけるアクティブ・ラーニングに関する論文が増加しており（例えば藤本・林・葛（2010），大橋（2010），須永（2010）など），溝上（2007）は大学においてアクティブ・ラーニングが専門分野を問わず広く実施されていることを明らかにしていますが，アクティブ・ラーニングの全てがうまく行っているわけではありません。文部科学省の中教審部会補足資料にある失敗事例調査（図12-1）には，児童・生徒側の原因として「発言しない」「浅薄な議論」「派生知識に無関心」，教員側の原因として「学習目的を伝達していない」「段取り不足」「介入の過不足」「振り返りを実施していない」などの指摘があります。こうした失敗原因を踏まえた準備や事前指導が必要なのです。

　論点整理の指摘どおり，アクティブ・ラーニングを「生徒同士が対話さえすればいい」という特定の型として受け入れるのではなく，事前・事後学習（児童・生徒による学びへの意味づけの支援）を含めた効果的・効率的な「学習プロセス」として導入することが学校現場の喫緊の課題です。「アクティブ・ラーニングは形式的に対話型を取り入れた授業や特定の指導の型を目指した技術

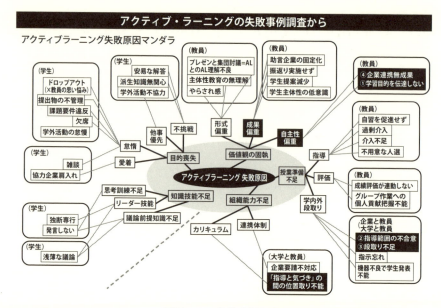

図12−1　失敗事例調査
出典：「アクティブラーニング失敗事例ハンドブック〜産業界ニーズ事業・成果報告〜」
（中部地域大学グループ・東海Aチーム，2014年）より

の改善にとどまるものではなく，子供たちの質の高い深い学びを引き出すことを意図するもの」（論点整理：以下同じ）であり，「それを通してどのような資質・能力を育むかという観点から，学習の在り方そのものの問い直しを目指す」ものだからです。すなわち，児童・生徒がアクティブになるような児童・生徒への意識付け，そのための教員側の働きかけが重要であり，導入段階の今こそ具体的な検討と準備が必要なのです。児童・生徒が「学ぶ意味」「学校に行く意味」「集団活動をする意味」（とその影響）を理解し，個人としても集団としても実行していけるようになれば，学校生活での問題行動は減少し，適応的な行動が増加していくはずです。アクティブ・ラーニングを行うことで，それ自体が予防・開発教育にもつながっていくものと考えています。クラスの中や班の中で話せる（話し合える）児童・生徒，クラスの中や班の中で話すのが苦手な児童・生徒を支援してあげられる児童・生徒，クラスの中や班の中で「話せる雰囲気」を作れる児童・生徒を育成していくことが重要となってきます。

グループワークのテーマ

「あなたがこれまで受けたアクティブ・ラーニングで，効果が高かったと思う
　ものはどんなものですか？　そこではどんな工夫がされていましたか？」
「あなたがこれまで受けたアクティブ・ラーニングで，効果があまりなかった
　と思うものはどんなものですか？　そこにはどんな原因がありましたか？」
「アクティブ・ラーニングが成功する（失敗しない）ためには，どんな工夫が
　あると思いますか？」

2.「アクティブ・ラーニング」が真にアクティブになるために

　論点整理のとおり，「社会に開かれた教育課程を実現する」，すなわち教育
内容と社会との接続，あるいは教育方法の点では地域や社会との連携が重要で
す。また教科教育において「何ができるようになるのか」「何を学ぶのか」「ど
のように学ぶのか」（さらには「それがどう社会や未来につながるのか」）を
明確にするため，カリキュラム・ポリシーや教育内容・方法の明確化が必要と
なってきます。「アクティブ・ラーニングは形式的に対話型を取り入れた授業
や特定の指導の型を目指した技術の改善にとどまるものではなく，子供たちの
質の高い深い学びを引き出すことを意図するもの」であり，「それを通してど
のような資質・能力を育むかという観点から，学習の在り方そのものの問い直
しを目指す」ものであるから，「どのような資質・能力を育むか」という観点
から教育内容・方法を明確化する必要があるのです。
　「主体的・対話的で深い学び」を各教科教育で実現するには，児童・生徒の
主体性（「やりたい」「やらなきゃ」）をくすぐることが欠かせません。この際，
児童・生徒自身の学ぶことへの興味・関心を理解しておくほか，児童・生徒が
自己のキャリア形成の方向性と関連づけること（教員が児童・生徒の自己理解
の深化の支援を行うこと）や周囲の児童・生徒からの啓発なども重要となりま
す。すなわち，過去・現在から未来への橋渡し，個人から集団への橋渡しです。
また，対話場面では児童・生徒同士や対教員だけでなく，地域や社会との関係
も重要になります。すなわち，学校生活から社会生活への橋渡しです。こうし

た「つなぎ」の意味や影響を考える機会を提供する必要があります。

　ここで「自己理解」や「人間関係形成」さらには「将来の進路選択」を目的とする教育相談と接点が生じることになります。アクティブ・ラーニングには「自己理解」「人間関係形成」「将来の進路選択」の視点を取り入れる必要があるのです。教育相談とアクティブ・ラーニングとは，車の両輪の関係であり，お互いを組み合わせて効果的・効率的に実施していく必要があるのです。

グループワークのテーマ

「アクティブ・ラーニングをアクティブ・ラーニングたらしめるために，児童・生徒にはどんな働きかけをすることができますか」
「アクティブ・ラーニングを効果的に実施するために，教科教員が行う教科教育の工夫のほかにどんな外部資源を用いることができますか」

3．アクティブ・ラーニングとキャリア教育の関係

　さらに効果的・効率的なアクティブ・ラーニングを目指すには，キャリア教育との関係性に十分に配慮する必要もあります。例えば，気温とアイス・かき氷の売り上げは数学の関数として表すことができるかもしれませんし，広告表現の面白さと国語表現の面白さは関連するでしょう。街探検（商店街探訪）や職場体験に代表される課外活動だけでなく，各教科教育においてもこうした「現在の興味・関心を未来につなぐ」「現在の学びと未来の仕事をつなぐ」「現在の生活と未来の生活をつなぐ」視点が欠かせません（図12－2は教育課程企画特別部会資料より）。また「将来やりたいこと（仕事）」が明確になることで，勉強や学校活動にも身が入るでしょうし，情緒も安定するかもしれません。

　アクティブ・ラーニングを成功させるためには，児童・生徒の積極化（アクティブ化）が必須であり，そのためには「それが児童・生徒の未来（人生や仕事）にとってどんな意味や影響があるのか」ということを児童・生徒自身が明確に理解することが必要なのです。その理解を支援するのは主として学級担任（ホームルーム担任）による教育相談の役目であり，実施前の十分な準備，実施当初の学習目的の伝達，実施中の必要な介入，実施後の振り返りが必須です。

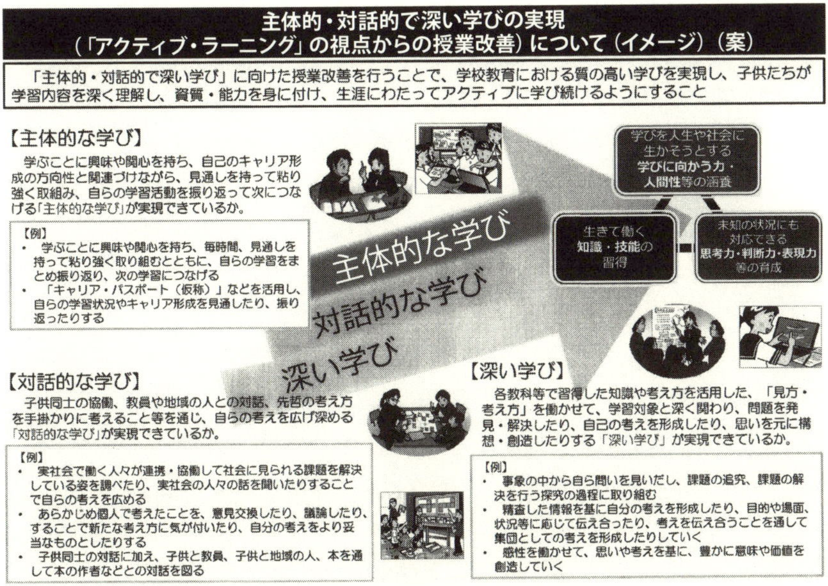

第12講 日常の学校生活を活用する〜ｱｸﾃｨﾌﾞ・ﾗｰﾆﾝｸﾞ，キャリア教育，進路指導・生徒指導との関連　*129*

主体的・対話的で深い学びの実現
（「アクティブ・ラーニング」の視点からの授業改善）について（イメージ）（案）

「主体的・対話的で深い学び」に向けた授業改善を行うことで、学校教育における質の高い学びを実現し、子供たちが学習内容を深く理解し、資質・能力を身に付け、生涯にわたってアクティブに学び続けるようにすること

【主体的な学び】
学ぶことに興味や関心を持ち、自己のキャリア形成の方向性と関連づけながら、見通しを持って粘り強く取り組み、自らの学習活動を振り返って次につなげる「主体的な学び」が実現できているか。

【例】
・ 学ぶことに興味や関心を持ち、毎時間、見通しを持って粘り強く取り組むとともに、自らの学習をまとめ振り返り、次の学習につなげる
・ 「キャリア・パスポート（仮称）」などを活用し、自らの学習状況やキャリア形成を見通したり、振り返ったりする

学びを人生や社会に生かそうとする
学びに向かう力・人間性等の涵養

生きて働く知識・技能の習得

未知の状況にも対応できる思考力・判断力・表現力等の育成

主体的な学び
対話的な学び
深い学び

【対話的な学び】
子供同士の協働、教員や地域の人との対話、先哲の考え方を手掛かりに考えること等を通じ、自らの考えを広げ深める「対話的な学び」が実現できているか。

【例】
・ 実社会で働く人々が連携・協働して社会に見られる課題を解決している姿を調べたり、実社会の人々の話を聞いたりすることで自らの考えを広める
・ あらかじめ個人で考えたことを、意見交換したり、議論したり、することで新たな考え方に気が付いたり、自分の考えをより妥当なものとしたりする
・ 子供同士の対話に加え、子供と教員、子供と地域の人、本を通して本の作者などとの対話を図る

【深い学び】
各教科等で習得した知識や考え方を活用した、「見方・考え方」を働かせて、学習対象と深く関わり、問題を発見・解決したり、自己の考えを形成したり、思いを元に構想・創造したりする「深い学び」が実現できているか。

【例】
・ 事象の中から自ら問いを見いだし、課題の追究、課題の解決を行う探究の過程に取り組む
・ 精査した情報を基に自分の考えを形成したり、目的や場面、状況等に応じて伝え合ったり、考えを伝え合うことを通して集団としての考えを形成したりしていく
・ 感性を働かせて、思いや考えを基に、豊かに意味や価値を創造していく

図12−2　教育課程企画特別部会資料より

　また日々の教育相談を通じて児童・生徒の「成長したい」「成長のためには自主的・積極的（アクティブ）に教育を受けることが重要である」「成長の先に未来（人生や仕事）がある」という気持ちや考えを活性化する必要があります。教室の中で「自主性や積極性がバカにされない」「みんなで協力する」「みんなが努力を認め，奨励する」「みんなで未来を目指す」環境設定が重要となります。

グループワークのテーマ

　「児童・生徒の自主性，積極性，コミュニケーション能力の育成あるいは学校生活上の予防・開発教育の観点から，アクティブ・ラーニングやキャリア教育はどのように活用することでてきますか」

4．進路指導，キャリア教育を超えて 〜教科書を超えて

　児童・生徒が「勉強が楽しい，勉強に興味がある」「学校生活が楽しい，学

校生活は社会人生活に向けた練習になる」「勉強や学校生活は（自分の未来に
とって）必要だ」「勉強や学校生活が社会や世界，未来につながっている」と
思えば，勉強にも学校生活にも身が入るでしょう。学び続け学校生活に参加し
続けることは直近上級学校に行くためだけでなく，これから自立して生きてい
くため，あるいはこれから意義ある仕事をして社会に貢献し，周囲の人たちと
幸せに人生を送っていくためにも重要なことです。

　学校の教科書は事実を客観的に網羅して効率よく知識を学べる「正解」とい
う一面がある一方で，児童・生徒からは「当たり前のもの」「つまらないもの」
「嫌々覚えるもの」と建前論・理想論の象徴のように思われがちです。すなわ
ち教科書に掲載してある事実（正解）を教えるだけでなく，それがどう社会や
世界につながっているか応用されているか，その事実はどうやって見つかった
のか，あるいは教科書に掲載されていない事実や解き方なども児童・生徒に呈
示することで，児童・生徒は「教科書の先にある広がり」に気づくようになる
でしょう。教科書をしっかり学ぶことは重要ですが，「教科書の先」を少しで
も見せてあげることが教員にとっては重要なことなのではないか，教員にとっ
ても児童・生徒にとっても効果的なことではないか，と考えています。あくま
で「教科書を基にして」（教科書が基本である）ということに代わりはありま
せんが，「教科書の先」を見せる（あるいは暗示する）ことで児童・生徒は自
らの世界の広がりを感じることができると同時に，教科書の重要性を再発見で
きるのではないか，と考えています。

　進路指導とは単に，より難易度の高い上級学校に行かせることではなく，ま
たキャリア教育も単に「客観的に」仕事や社会を教えることがゴールではあり
ません。児童・生徒が自分の未来の人生の選択を自主的・積極的に自ら選ぶべ
きこととして（主観的に）考え，未来と現在・過去を主体的につなぐことで
「今やるべきこと」「これからやるべきこと」を整理し，自分にとっての「明
るい未来・あるべき未来」を考えられるようにしてあげること，そしてあるべ
き未来から逆算して，今ある学校生活を充実させていけるよう支援することが
大切です。そのためにも教科書からスタートして，「教科書とつなげて」「教科
書を超えて」「学校を超えて」自分の未来を考えられるようにしてあげること
が大切なのです。児童・生徒が考えた未来を実現できるようにするために，今

第12講 日常の学校生活を活用する〜アクティブ・ラーニング，キャリア教育，進路指導・生徒指導との関連 *131*

ある学校生活での勉強や努力を支援していくことが重要です。

グループワークのテーマ

「あなたは「教科書とつなげて」「教科書を超えて」「学校を超えて」どんなことを教えることができますか？　具体的な教科・範囲をイメージして議論してみましょう」

※例：関数／気温とアイス・かき氷の売れ行き，国語の音読／小説や詩，ＣＭなどの影響力，電磁力／電磁調理器や発電機，気圧／気圧計を使ったビルの高さの計算…

「教科書とつなげて（教科書を超えて／学校を超えて）児童・生徒に未来をイメージしてもらうために，あなたは児童・生徒にどんな声かけをしますか。保護者や地域の資源をどう活かしていきますか」

5．生徒指導への誤解，生徒指導との関係

　生徒指導は，ややもすると「生徒の悪い点（問題）を怒る」「指導して悪い点（性格や態度）を直す」というふうに取られがちです。しかし第７講で述べたとおり予防・開発教育によってある程度の問題を防ぐことが可能ですし，第４講のように起こった問題についても児童・生徒に対して怒るという方法を取らずに（児童・生徒を責めずに）問題解決を志向して行うことが可能です。教員が直接指導するだけでなく，児童・生徒同士による問題解決もあり得ます。

　髪型検査・服装検査やマナー講座・面接練習のほか希望する進路に進むための学業上の指導など直接的な生徒指導も必然的にありますが，全ての生徒指導は，児童・生徒の心の内あるいは周辺の環境の影響にも配慮して行うことが求められます。問題解決のためにも，まずは児童・生徒が自らあるいはお互いに「安心して語ることができる」場面づくりが重要だと考えています。児童・生徒の「語り」を通して，問題解決を考えていく姿勢が必要です。そして児童・生徒自身が問題を前向きに「語る」ことができるようになる環境づくりも重要だと思っています。そのためにも学級担任（ホームルーム担任）を始めとする教員による児童・生徒の「語りを引き出す」工夫が重要になってきます。

また「生徒指導提要」では「自己指導能力」「自己決定」「自己解決能力」「自己存在感」の個人的能力の形成のほか，「人々が社会の中で生活し，個々の幸福の実現と社会を発展させていくための包括的・総合的な社会的なリテラシー」の育成も強調しています。すなわち生徒指導においても，個別の児童・生徒の人格の成長と，人間関係形成・社会適応などの支援が求められているのです。

グループワークのテーマ

「この講義で学んだことを踏まえて，いまあなたが考える「生徒指導」の必要
　性について説明してください」

「生徒指導でやるべきこと・やってみたいことについて，今考えていることを
　述べてみてください」

「児童・生徒の語りを引き出すためには，どんな工夫が考えられますか」

「児童・生徒が問題を直視し，自ら問題解決を試みるようになるためには，ど
　んな環境設定・支援が考えられますか」

【第12講の参考文献】
岩瀬直樹　2011　『「最高のチーム」になる！クラスづくりの極意』　農文協
森俊夫　2000　『先生のためのやさしいブリーフセラピー』　ほんの森出版
森俊夫　2001　『"問題行動の意味"にこだわるより"解決志向"で行こう』　ほんの森出版
森俊夫，黒沢幸子　2002　『解決志向ブリーフセラピー』　ほんの森出版
諸富祥彦　2013　『新しい生徒指導の手引き』　図書文化
田中輝美，鹿嶋真弓　2014　『中学生の自律を育てる学級づくり』　金子書房
若島孔文，生田倫子，吉田克彦　2006　『教師のためのブリーフセラピー』　アルテ
渡部昌平（編）　2015　『社会構成主義キャリア・カウンセリングの理論と実践』福村出版
渡部昌平　2016　『はじめてのナラティブ／社会構成主義キャリア・カウンセリング』
　　川島書店
渡部昌平（編）　2017　『実践家のためのナラティブ／社会構成主義キャリア・カウンセ
　　リング』　福村出版

第13講 ゴール：未来像（ライフ・キャリア）を構築する，集団で支え合い・応援する

1．教育相談のゴールとは

　教育相談に活用できるカウンセリング技法の1つとしてキャリア・カウンセリングが挙げられていますが，自己理解をし，仕事（役割）理解をし，自分にも社会にも適合した将来の進路を選択すること（キャリア・カウンセリング）は，児童・生徒の未来のためにも，児童・生徒の現在の精神衛生的安定のためにも（情緒的健康・知的健康・社会的健康を含む「こころの健康」のためにも），重要なことです。未来が見えない児童・生徒は，その不安のために他人を傷つけたり，自分を貶めたりするかもしれません。未来の具体的な目標があれば，その肉体的・精神的エネルギーは，自分の未来のために社会に適応的に使われやすくなると感じています。

　第2講や第7講でも述べたとおり，教育相談の目標の1つに「自己理解」が挙げられます。そしてその「自己理解」を前提に，未来に向けて社会への適応を自ら進めていく必要があるわけです。これは即ち，将来の進路の選択，将来の人生の選択に他なりません。

グループワークのテーマ

「児童・生徒が自分の未来を語れるようになるためには，どんなきっかけが必要だと思いますか」

「児童・生徒の自己理解を未来（進路）につなげるには，どういう場面を活用することができますか。どういう資源（本人の資源だけでなく保護者，地域その他）を活用することができますか」

2. 学校種をつないで，学校種を超えて

　小学校から中学校，中学校から高等学校に進むと，校舎も変わり，制服や制度，そして学ぶ内容や方法も変わります。しかし児童・生徒の人格が変わるわけではありません。体を動かすのが好きな児童・生徒は概ねそのまま体を動かすのが好きでしょうし，本が好きな児童・生徒も概ねそのまま本が好きでいると思います。環境の変化による児童・生徒の混乱には，学校側が意識して配慮してあげる必要があります。

　こうした児童・生徒の興味・関心，人生観について，各学校種でしっかり把握していることが重要です。成績や出欠情報だけでなく，こうした個性や特徴の理解を各学校種間で引継ぎできるかは重要なことになります。本講の末尾に「ポートフォリオ」（児童・生徒自身による目標設定と振り返りシート）について掲載していますが，こうしたポートフォリオのポータル化（学校種を超えた持ち運び）は1つの解決方法だと考えています。文部科学省でも小中高を通じた「キャリアパスポート（仮称）」構想が発表されており，既に先進的な都道府県では小中学校を中心に導入されています。こうした児童・生徒の興味，関心，価値観を小中高で一貫して情報共有できれば（あるいは一貫した進路支援ができれば），学校生活はますます充実したものになることでしょう。

グループワークのテーマ

「上級学校に上がるに当たって，混乱・困難を感じたことはありますか。どうすれば混乱や困難が少なくなると思いますか」

「上級学校とはどんな連携をすることが可能だと思いますか」

「児童・生徒の個性や特徴を，上級学校にどうやって伝えることができますか」

「小中学校から児童・生徒の個性や特徴の情報を送ってもらうことによって，上級学校の運営にはどのようなメリットがあると思いますか」

「先輩と後輩のつながり，上級学校とのつながりによって，当該児童・生徒にはどういうメリットを生じさせることができると思いますか」

3．実際のキャリア・カウンセリング

　小中学校段階では具体的な企業名や業種・職種が決まっていなくても構いません（もちろん決まっていても全く構いません）。また実際に本人が就職できる可能性のある業種・職種でなくても構いません。ある児童・生徒は「芸能人になりたい」「ミュージシャンになりたい」「俳優になりたい」と言うかもしれませんが，それを否定することはありません。ただし「なぜ芸能人（ミュージシャン／俳優）になりたいか」「芸能人（ミュージシャン／俳優）になると，どういう人生が送れるか」ということは聞いてあげると良いと思います。「人を感動させたい」「人を喜ばせたい」「自分でない人を演じたい／他の人の人生を経験したい」のような価値観・人生観が出てくるかもしれません。

　中学校・高等学校になってくると，就職や上級学校への進学も考える時期が来ます。進学は「学力的に入れる学校」で選びがちですが，「将来何をしたくて，その学校に行くことは自分の未来にとってどういう意味や影響があるのか」と「進学することの意味や影響」を児童・生徒あるいは保護者と一緒になって考えていくことが重要です。その未来のために今何をしなければならないのか，これから何をしなければならないのか，知識や経験，情報に乏しい児童・生徒（あるいは保護者）に代わって，一緒に調べていく必要があります。一部の生徒は「恥ずかしいから」「バカにされたくないから」と価値観や人生観を語らなくなるかもしれませんが，そうした気持ちに配慮しながらも生徒の未来のためにはしっかりと「児童・生徒が望む未来」（あるいは合わせて「保護者が望む児童・生徒の未来」）とその未来に向かう方法や可能性を確認し，今後の方針を共有していかなければなりません。

　特に知識や経験，情報に乏しい児童・生徒の場合，将来の夢や希望がすぐに変わってしまうこともあります。昨日のドラマの影響で大工さんに憧れ，今日のコンサートの影響でミュージシャンになりたくなるかもしれません。明日にはまた違う影響を受けるかもしれません。そうした時には，第7講の質的キャリア・アセスメントなども用いながら，児童・生徒が既に持っている「軸」（例：「外で体を動かすのが好き」「縁の下の力持ちが好き」「車が好き」など）を探していきましょう。また人生の先輩として，保護者の意見も参考に

しながら，そうした「軸」の向こうにある未来の可能性（例えば「人を喜ばせるのが好き」であれば接客・サービス業などの仕事）について，アドバイスしてあげると良いのではないかと思います。「尊敬する人」「かっこいいと思う人」あるいは親や親戚の大人などのロールモデルを参考に，将来について考える方法もあります。教員もある程度，世の中の仕事や会社について知っていると，アドバイスの幅が広がります。

グループワークのテーマ

「第7講の質的キャリア・アセスメントなどを活用して，グループメンバーにインタビューをしてメンバーの「将来に向けた軸」を探してみましょう」

「これまでの学校での経験（好きな教科，部活，委員会，学園祭での役割等）を振り返って，未来に向かって継続したい（残したい）自分の軸について語ってみましょう。そういう未来にするために，これから何をしたいか語ってみましょう」

4．将来の目標を持つに当たって

　将来の目標が「分からない」という児童・生徒も少なくありません。近年のグローバル化・サービス産業化・ネットやスマホの進化によって，従来の農林漁業や製造業のような「中身／生産物が見える仕事」と異なり，児童・生徒の目から「仕事」自体が見えにくくなっています。このため町探検（商店街探訪）や職場体験（インターンシップ）などの学校行事が増えていますが，遠足などのイベントと同様，自分の未来を考える機会にはなっていない場合も多いようです。委員会活動や部活，クラブ活動も含め「自分はどんな役割が好きか」，教科やお稽古ごとも含め「自分はどんな分野が好きか／興味があるか」，進学するに当たっても「進学して何をするか」「進学した先には何を目指すか」，明確に具体的にならないまでも幅広く将来を考えていく必要があります。

　極論を言えば，小中学校の段階では「希望する業種・職種」が分からなくても，「こういうことをする／こういう役割が好きだ」「こんな人になりたい」「こういう人を尊敬する」みたいなもので構わないと思っています。「人を喜

第13講　ゴール：未来像（ライフ・キャリア）を構築する，集団で支え合い・応援する　*137*

ばせたい」「地域に貢献したい」「モノ作りが好き」，そんな軸を持ってもらうためにも，好きな授業に熱心に取り組む，学校行事に参加して一定の役割を担う，好きな本を読む，面白そうな映画を見に行く，興味のあるイベントに参加するなど，児童・生徒には興味のある何かに積極的に取り組んでもらいたい，それを周囲に支援してもらいたい，と考えています。そうしたいろいろな行動や役割分担が，いずれ将来の仕事の選択につながってくると考えています。

グループワークのテーマ

「あなたはなぜ教職科目（研修）を受講していますか。なぜ教員免許を取得しますか。その目標を持つに至ったきっかけは何ですか」

「どんな教員が教壇に立つと良いと思いますか。児童・生徒との関係はどんな関係であると良いと思いますか。あなたの経験から語ってみてください。グループのメンバーが語ったことを聞いて，感じた感想も語り合ってください」

「あなたは将来どんな人になりたいですか。それはどんな職業につくことで（どんな仕事ぶりをすることで）達成されると思いますか。周囲のアドバイスも聞いてみましょう」

5．職場体験や企業講演の可能性と限界

　近年，街探検（商店街探訪）などの社会科見学あるいは職場体験（インターンシップ）や校内ハローワークなどの企業講演が盛んになってきています。会社や仕事，社会人の思いや仕事のやりがいを知ることを通じて，自分の将来について考えるきっかけとなっているようです。他方，意識付けや振り返りが足りないことにより，「みんなが行くから」「行けと言われたから」というイベントになってしまっている場合もあるようです。「面白かった」「面白くなかった」という感想で終わってしまっているイベントも少なくないようです。

　実施する学校（教員）の側が事前に「この体験はなぜ実施しているのか（＝児童・生徒が未来を考えるためにやっている）」「何が期待されているか」を説明し，事前の調査や準備を行わせ，事後には「やってみて何を感じ，考えたのか」「経験を通じ，自分の将来をどうしたいと思ったか」の振り返りをさせ

て，その体験の意味付けをしっかりしてあげることが重要です。単に企業にお礼状を書くだけではダメなのです。

6．スーパービジョンに替えて：教員同士による事例検討のススメ

ものの見方は人それぞれ，解決方法も人それぞれです。ある人が問題解決できずにいることも，別の人から見れば簡単な問題に見えるかもしれません。

ただ人は自分の弱さや失敗を他人に見せたがらないものです。見せられるようにするためには「安心できる場」「（弱さや失敗を見せることで）自分にメリットがあることが感じられる場」にしていくことが重要です。

それぞれの教員が抱える困難事例について，

・その教員が出来ているところ・努力しているところは認め（コンプリメントし）

・その教員の困っている部分にのみ焦点を当てて受容・傾聴し（※それ以外の部分にはツッコミを入れない）

・その困っている部分に対して，参加者それぞれが自分なりの見たてと解決案（あるいはアドバイス）を示す（※言わない／言えない参加者がいても非難しない）

・困難事例を提供する教員には共感的に寄り添う（※当該教員の自主性・納得度を最大限尊重する）

ことが必要になります。往々にして事例検討は年長者・ベテラン・経験者による「一方的なご指導（お説教）」になりがちなところ，対等な教育者としてフランクな意見交換が行われるように配慮することが重要です。フランクな意見交換が行われる雰囲気になれば，誰もが悩みを語りやすくなり，「悩みを隠す」のではなく「悩みを相談する」ようになります。学級経営と同様，「問題を隠す」あるいは「問題を見て見ぬふりをする」のではなく，問題を認め，問題を解決しようとするチーム学校づくりが大切なのです。

グループワークのテーマ

「教職科目の受講や教育実習等を踏まえて，あなたが困ったことや苦労したこ

とあるいは分からなかったことは何ですか？　それについてグループのメンバーからアドバイスを受けてみましょう。グループのメンバーのアドバイスを聞いてみて，どう思いましたか。感想を共有しましょう」

7．余裕を持たせる

　日本においては，学級担任（ホームルーム担任）をはじめとする教員の仕事は多岐にわたります。直接的な教育（学習指導）だけでなく，教育相談や生徒指導，進路指導，キャリア教育，事務的作業や部活・委員会活動なども入ってくることでしょう。その上，アクティブ・ラーニングにも取り組まなければなりません。夜遅くまでの時間外勤務や土日勤務，持ち帰り残業も避けて通れないかもしれません。

　充実した教育を行うためには，研究や準備も必要でしょうが，精神的な余裕も必要です。書籍や講義，研修で知識を学び，グループワークで経験を増やすとして，空いた時間にはしっかりと休息を取ることも必要です。

　スケジュール感を持って学び，スケジュール感を持って休息する，ワークライフバランスについて考えることも時には必要だと感じています。教員や看護・介護職などの人に関わる仕事（感情労働）は，特にバーンアウトが多いことが知られています。一生懸命に学び，一生懸命に仕事をすると同時に，自分自身や周囲についても配慮することが求められます。時として弱音を言ったり，周囲の人の弱音を聞いてあげたり，時には潔く休むことも大切です。チーム学校でお互いに言うべきことは言っていきながら，お互いを守るべき時は守り合う，いたわり合う姿勢が重要だと感じています。

8．おわりに：まとめ

　これまで学んだことを振り返って，「教育相談とはどういうものか」「自分は教員として，教育相談のどんな場面でどんな技法を用いることができるか」「児童・生徒が未来をイメージできるようにするために，どんなことができるか」「さらに教育相談についてどんなことを学びたいか，学ぶべきか」「チーム

学校で教育相談として何ができるか」「どういう人生を送りたいか」整理して
みましょう。受講生同士でシェアしてみましょう。

グループワークのテーマ

「教育相談は誰が行うものですか」

「教育相談はどういう場面で必要になると思いますか」

「教育相談を行うことで，どういう問題が解決する（あるいは起こらなくな
　る）と思いますか／どういう問題を解決したい（あるいは起こらなくした
　い）と思いますか」

「教育相談のために，あなたはどういう場面で児童・生徒を観察しますか，ど
　ういう場面で児童・生徒に話しかけますか，どういう場面・どういう方法で
　児童・生徒を把握・評価しますか」

「どうすると児童・生徒は自分の未来を語り始めますか。前向きに自分の未来
　を考えるには，どういう働きかけがありますか」

「さらに教育相談の技術を上げるために，あなたには何ができますか。何をし
　たいですか」

※第1講のグループワークで考えていた内容と現段階ではどのように変化した
か，なぜ変化したのか，話し合ってみましょう。

【第13講の参考文献】

D・デンボロウ　2016　『ふだん使いのナラティヴ・セラピー』　北大路書房

ラリー・コクラン　2016　『ナラティブ・キャリアカウンセリング—「語り」が未来を創る』
　生産性出版

マーク・L・サビカス　2015　『サビカス　キャリア・カウンセリング理論』　福村出版

大矢純　2013　『生徒のやる気を100％引き出す授業』　幻冬舎

渡部昌平（編）　2017　『実践家のためのナラティブ／社会構成主義キャリア・カウンセ
　リング』　福村出版

渡部昌平　2016　『はじめてのナラティブ／社会構成主義キャリア・カウンセリング』
　川島書店

渡部昌平（編）　2015　『社会構成主義キャリア・カウンセリングの理論と実践』　福村出版

第14講 チーム学校：上司や同僚，他の専門家との連携と計画の作成

1. 今後の「チーム学校」の在り方

中央教育審議会答申「チームとしての学校の在り方と今後の改善方策について」（平成27年12月21日）では，「1.チームとしての学校が求められる背景」として

・教育活動の更なる充実の必要性

我が国の教員は，学習指導，生徒指導等，幅広い業務を担い，子供たちの状況を総合的に把握して指導し，高い成果を上げている。一方で，新しい時代の子供たちに必要な資質・能力を育むためには，教育活動の更なる充実が求められている。

・学習指導要領改訂の理念を実現するための組織の在り方

子供たちに，必要な資質・能力を育むためには，学校が，社会や世界と接点を持ちつつ，多様な人々とつながりを保ちながら学ぶことができる開かれた環境となることが不可欠であり，これからの教育課程には，教育が普遍的に目指す根幹を堅持しつつ，社会の変化に目を向け，柔軟に受け止めていく「社会に開かれた教育課程」としての役割が期待されている。

この理念を実現していくためには，各学校において，「アクティブ・ラーニング」の視点を踏まえた不断の授業方法の見直し等による授業改善と「カリキュラム・マネジメント」を通した組織運営の改善に一体的に取り組むことが重要である。

さらに，「コミュニティ・スクール」や多様な地域人材等と連携・協働して，家庭や地域社会を巻き込み，教育活動を充実していくことが大切である。

・複雑化・多様化した課題

その一方で，社会や経済の変化に伴い，子供や家庭，地域社会も変容し，生徒指導や特別支援教育等に関わる課題が複雑化・多様化しており，学校や

教員だけが課題を抱えて対応するのでは，十分に解決することができない課題も増えている。

　また，我が国の子供の貧困の状況が先進国の中でも厳しいということも明らかとなっており，学校における対応が求められている。
・我が国の学校や教員の勤務実態

　国際調査等によると，我が国の教員は，授業に関する業務が大半を占めている欧米の教員と比較すると，授業や生徒指導など様々な業務を行っていることが明らかとなっており，勤務時間も国際的に見て，長いという結果が出ている。

という状況を説明した上で，
・「チームとしての学校」の必要性

　学校が，複雑化・多様化した課題を解決し，子供に必要な資質・能力を育んでいくためには，学校のマネジメントを強化し，組織として教育活動に取り組む体制を創り上げるとともに，必要な指導体制を整備することが必要である。

　その上で，生徒指導や特別支援教育等を充実していくために，学校や教員が心理や福祉等の専門スタッフ等と連携・分担する体制を整備し，学校の機能を強化していくことが重要である。

　このような「チームとしての学校」の体制を整備することによって，教職員一人一人が自らの専門性を発揮するとともに，心理や福祉等の専門スタッフ等の参画を得て，課題の解決に求められる専門性や経験を補い，子供の教育活動を充実していくことが期待できる。

　学校において，子供が成長していく上で，教員に加えて，多様な価値観や経験を持った大人と接したり，議論したりすることは，より厚みのある経験を積むことができ，「生きる力」を定着させることにつながる。

ことが指摘されています。

　また「2.「チームとしての学校」の在り方」として

(1)「チームとしての学校」を実現するための３つの視点

　「チームとしての学校」を実現するためには，次の３つの視点に沿って施策を講じていくことが重要である。なお，本答申は，幼稚園から高等学校

等の学校を対象としているが，具体の在り方については，学校種や学校の実態等を踏まえ検討する必要がある。

1　専門性に基づくチーム体制の構築

教員が，学校や子供たちの実態を踏まえ，学習指導や生徒指導等に取り組むため，指導体制の充実が必要である。加えて，心理や福祉等の専門スタッフについて，学校の職員として，職務内容等を明確化し，質の確保と配置の充実を進めるべきである。

2　学校のマネジメント機能の強化

専門性に基づく「チームとしての学校」が機能するためには，校長のリーダーシップが重要であり，学校のマネジメント機能を今まで以上に強化していくことが求められる。そのためには，優秀な管理職を確保するための取組や，主幹教諭の配置の促進や事務機能の強化など校長のマネジメント体制を支える仕組みを充実することが求められる。

3　教職員一人一人が力を発揮できる環境の整備

教職員がそれぞれの力を発揮し，伸ばしていくことができるようにするためには，人材育成の充実や業務改善の取組を進めることが重要である。

(2)「チームとしての学校」と家庭，地域，関係機関との関係

我が国の学校や教員は，多くの役割を担うことを求められており，子供に対して総合的な指導が可能であるという利点がある反面，役割や業務を際限なく担うことにもつながりかねない側面がある。

学校と教員の役割は，子供に必要な資質・能力を育むことであることから，学校と家庭や地域との連携・協働により，共に子供の成長を支えていく体制を作り，学校や教員が，必要な資質・能力を子供に育むための教育活動に重点を置いて，取り組むことができるようにしていくことが重要である。

(3) 国立学校や私立学校における「チームとしての学校」

「チームとしての学校」を国・私立学校において推進するに当たっては，その位置付け等に配慮し，各学校の取組に対する必要な支援を行うことが重要である。

が提案されています。さらに「3.「チームとしての学校」を実現するための具体的な改善方策」として

（1）教職員の指導体制の充実

1 教職員の指導体制の充実

・国，教育委員会は，教員が自らの専門性を発揮するとともに，授業準備
や研修等に時間を充てることにより，その資質を高めることができるよ
う，教員の業務を見直し，事務職員や専門スタッフの活用を推進する。

・国，教育委員会は，「アクティブ・ラーニング」の視点を踏まえた不断
の授業方法の見直し等による授業改善や，いじめ，特別支援教育等に対
応するため，必要な教職員定数の拡充を図る。

2 教員以外の専門スタッフの参画

1）心理や福祉に関する専門スタッフ

・国は，スクールカウンセラーやスクールソーシャルワーカーを学校等に
おいて必要とされる標準的な職として，職務内容等を法令上，明確化す
ることを検討する。

・国は，教育委員会や学校の要望等も踏まえ，日常的に相談できるよう，
スクールカウンセラーやスクールソーシャルワーカーの配置の拡充，資
質の確保を検討する。

2）授業等において教員を支援する専門スタッフ

・国，教育委員会は，ICT活用のスキルを持った専門人材等の確保，活用
を図りつつ，ICT支援員を養成し，学校への配置の充実を図る。

・国，教育委員会は，資格・養成の在り方の検討や研修の実施など，学校
司書の専門性を確保する方策を検討・実施するとともに，その配置の充
実を図る。

・国，教育委員会は，効果的なティーム・ティーチングが可能となるよう
外国語指導助手の指導力向上のために必要な研修を実施する。

・国は，JETプログラムによる外国語指導助手の配置について，所要の地
方財政措置を講じる。地方公共団体は，JETプログラムの積極的活用を
図るとともに，学校や教職員をサポートする英語の専門人材に対する支
援の充実を検討する。

・国は，多彩な人材の積極的参加による地域ぐるみの教育を推進するため，
学校や教職員をサポートするスタッフを配置する地方公共団体に対する

支援の充実を検討する。

3) 部活動に関する専門スタッフ

・国は，学校が，地域や学校の実態に応じ，部活動等の指導体制を整えることができるよう，教員に加え，部活動等の指導・助言や各部活動の指導，顧問，単独での引率等を行うことを職務とする職員を部活動指導員（仮称）として，法令上に位置付けることを検討する。

・教育委員会等は，部活動指導員（仮称）の任用に際して，指導技術に加え，学校全体や各部の活動の目標や方針，生徒の発達段階に応じた科学的な指導等について理解させるなど必要な研修を実施することを検討する。

4) 特別支援教育に関する専門スタッフ

・国は，医療的ケアを必要とする児童生徒の増加に対応するため，特別支援学校における看護師等配置に係る補助事業を拡充し，配置人数を増加させる。

・国は，特別支援教育支援員について，配置実績に応じた所要の地方財政措置を講じる。

3　地域との連携体制の整備

・国は，地域の力を生かした学校教育の充実や学校全体の負担軽減，マネジメント力の向上を図るため，学校内において地域との連携の推進を担当する教職員を地域連携担当教職員（仮称）として法令上明確化することを検討する。

(2) 学校のマネジメント機能の強化

1　管理職の適材確保

・国，教育委員会は，校長がリーダーシップを発揮し，学校の教育力を向上させていくため，副校長の配置や教頭の複数配置など，校長の補佐体制を強化するための取組を検討する。

・国，教育委員会は，副校長及び教頭が力を発揮することができるよう，教頭と事務職員の分担の見直しなど事務体制の整備や，主幹教諭の配置等の取組を進める。

・国は，教育委員会が実施する管理職研修の充実のため，プログラムの開

発など必要な支援を行う。

2　主幹教諭制度の充実

・国は，主幹教諭が本来，期待される役割を十分に担い，校長，副校長，教頭を補佐するため，また，主幹教諭のさらなる配置を促進するため，加配措置を拡充することを検討する。

3　事務体制の強化

・国は，事務職員の職務規定等を見直し，事務職員が，学校における総務・財務等の専門性等を生かし，学校運営に関わる職員であることについて法令上，明確化することを検討する。

・学校事務体制の強化を図るための定数措置など，事務体制の一層の充実を図る。

・国は，事務機能の強化を推進するため，事務の共同実施組織について，法令上，明確化することを検討する。

・国は，事務職員が，管理職を補佐して学校運営に関わる職として，自らの専門性を伸ばしていくことができるよう，事務職員を対象とした研修プログラムを教育委員会や事務職員の関係団体等と協力して開発するとともに，開発したプログラムをもとにした各教育委員会における研修の実施を支援する。

(3) 教職員一人一人が力を発揮できる環境の整備

1　人材育成の推進

・教育委員会は，評価者研修を実施するとともに，地方公務員法の趣旨を踏まえ，人事評価の結果を任用・給与などの処遇や研修に適切に反映させることによって，教職員一人一人の成長を促していく取組を進める。

・国は，文部科学大臣優秀教職員表彰について，教職員個人だけでなく，学校単位，分掌単位等の取組を表彰することを検討する。あわせて，表彰された教職員の実践や指導力を活用する方策を検討する。

2　業務環境の改善

・国は，「学校現場における業務改善のためのガイドライン」（平成27年7月27日　文部科学省）等を活用した研修を実施することなどにより，教育委員会の業務改善を支援する。

第14講　チーム学校：上司や同僚, 他の専門家との連携と計画の作成　*147*

・教育委員会, 学校は,「教職員のメンタルヘルス対策について（最終まとめ）」（平成25年3月29日　教職員のメンタルヘルス対策検討会議）等も参考に, メンタルヘルスに係る一次予防や復職支援等に取り組む。

3　教育委員会等による学校への支援の充実

・国, 都道府県は, 小規模の市町村において指導主事の配置が進むよう引き続き支援する。

・国は, 学校の教職員が, 保護者や地域からの要望等に対応するため, 弁護士等の専門家から支援を受けたり, 専門的な知見を直接聞いたりすることができるような仕組みを教育委員会が構築することを支援する。

・国, 教育委員会は, 警察や弁護士会等の関係機関, 関係団体と連携し, 不当な要望等への対応について, 実例等に基づいた研修を実施する。

としています。

　これら答申による施策は主として国や地方自治体等が実施することとなりますが, 校長・副校長・教頭を含めた教員1人1人が「チーム学校」として連携する準備をしていく必要があります。「どうするとより良いチーム学校になれるか」議論し, 実際に実践していく必要があります。

グループワークのテーマ

「どうすればより良いチーム学校になれると思いますか。その中であなたができることは何ですか。あなたが使える内外の資源はどんなものですか。グループで意見を共有してみましょう」

2．何を連携・協力していくのか, 何に注意するのか

　ひとつには, 教員同士のノウハウや情報の共有があるでしょう。学校としてのあるべき姿の目標の共有もあります。特に新任の教員は圧倒的に知識や経験が足りず, 自信に欠け不安でいっぱいかもしれませんが, それは児童・生徒や保護者も同様に感じているものです。ベテラン・先輩教員が新任教員に気を配り, 心を配ることで, 新任教員も安心して実力をつけていくことができるのではないでしょうか。進路指導主事など各種の役職についても, 丁寧に引継ぎを

する，後任から前任に相談しやすい雰囲気をつくる，前任者が異動した場合には過去に経験した教員が相談に乗る（そうした教員の情報を提供する）などの方法もあるかもしれません。

新任に限らず，学校教育場面で「初めてのこと」「困難なこと」に直面する教員ももちろんいます。その解決を1人1人の教員に任せるだけでなく，相談・援助体制を明確化しておくこと，あるいは研修や事例検討会，授業研究会を開くことなども効果的なのではないでしょうか。

また学校を運営していくには，教員や児童・生徒だけでなく，保護者や地域の協力が欠かせません。保護者や地域とのやりとり，信頼関係一つで，学級・学校運営のやりやすさは大きく変わってきます。

さらに今後，学校では事務職員や心理や福祉等の専門スタッフ，部活動指導員（仮称）等の活動が増えていくことが想定されます。こうしたスタッフにより教員の負担は減る一方，こうしたスタッフとの綿密な情報や目標の共有・意思疎通がこれまで以上に重要になってくるものと思われます。「任せる」だけでなく「時間を取って情報・意見交換，議論をする」「目標を共有し，成果や課題を把握する」ことも必要になってきます。

よい「チーム学校」になるためには，1人1人の教員・スタッフが必要な役割を果たしていく必要があります。年齢が上だからすべからく責任を取らなければならないということはありませんが，ベテラン・経験者から率先して責任を果たしていくことで，後に続く若手もベテランになって責任を果たしていくようになります。もちろん新任だからといって，何もしなくていいわけではありません。近年は主幹教諭や指導教諭のような役職も置かれるようになっていますが，誰かに仕事を全て任せるのではなく，それぞれの教員が「まずは自分から」の精神で，必要な役割を（自分が思うよりも気持ち多めに）果たしていくことが求められます。「みんなが／でやっている」「自分1人じゃない」という感覚が，1人1人を救い，ひいては学校全体に良い影響をもたらしていくのです。

グループワークのテーマ

「チーム学校として，あなたがチームに提供できるのにはどんな資源がありま

すか？　グループで情報を共有してみましょう」

3．連携・協力の効果

　「連携・協力ができる相手がいる／職場である」という気持ちが持てるだけ
で，（仮に実際の連携・協力がなされていないとしても）教員のメンタルヘル
ス不全がかなりの部分で解消されます。「１人じゃない」「いざとなれば頼れ
る」という気持ちが，ストレス耐性（レジリエンス）として働きます。職場の
雰囲気が明るくなり，授業など本来の教育にも良い影響をもたらすでしょう。
逆に「私は１人だ」「頼れるものはない」と考えてしまうような人はストレス
にいつ折れてしまうか分かりません。誰かが折れてしまいそうになると，周囲
の教員・スタッフひいては児童・生徒や保護者も不安になります。
　校長・副校長・教頭などの管理者は，外部機関や内部スタッフとも連絡を取
りながら，また教育委員会等の協力も得ながら，こうした連携・協力の体制を
整えるとともに，実際に連携・協力が機能するよう研修やワーク，会議等を用
意すると良いのではないでしょうか。各教員も自らの職場において，そうした
連携・協力の体制を提案・協力していくことが大切です。自らも教員免許更新
講習のほか外部研修や書籍等で学び続け，「良い情報」は同僚と共有する姿勢
が必要です。

グループワークのテーマ
「連携・協力によって，あなたがこれまで納めてきた成果や成功にはどんなも
　のがありますか？　どうすると連携・協力はうまく行きやすいですか？　グ
　ループで意見を共有してみましょう」
「あなたが頼れるものにはどんなものがありますか？　学校内外に限らず，挙
　げていってみましょう」

4．計画の作成

　中学校学習指導要領によれば，「教育相談の適切な計画を立てるためには，

次のことに留意することが大切である」とされています。

ア　平素から，個々の生徒の理解に必要かつ適切な資料を豊富に収集すること。

イ　全教師による協力的な取組により，全生徒を対象とし，すべての生徒の能力，適性等を最大限に発揮できるように努めること。また，相談の内容等に応じて，専門家や関係機関等との連携を積極的に進めること。

ウ　生徒との直接の相談だけにとどめず，家庭との連絡を密にし，生徒，教師，保護者の三者による相談のような形態も大切にすること。

エ　学級担任による定期的な相談だけでなく，学校全体で相談活動が随時行われるよう学校としての相談体制の確立を図ること。

オ　学級活動等における活動の内容との関連性にも考慮し，相談活動がより充実するように努めること。

また「児童生徒の教育相談の充実について―生き生きとした子どもを育てる相談体制づくり―（報告）」（平成19年7月）では

・児童生徒が相談したいと思うタイミングを逸することなく相談できるように，相談機関や相談方法の選択肢（チャンネル）を複数用意し，多様な視点できめ細かく児童生徒を見守ることができるような相談体制を総合的に構築することが大切

・児童生徒の心身の発達段階に応じて，児童生徒への相談のアプローチの仕方を変えることが適当である。例えば，小学校低学年であれば，幼児期のしつけによる自律心や遊びを通して得る自発心に留意することや，高校生であれば，精神的，社会的自立を助け，アイデンティティの獲得を支援することに留意することなどが考えられる

・切れ目のない相談体制をつくるため，幼稚園・保育所と小学校，小学校と中学校，中学校と高等学校の学校段階を越えて情報交換を行うなど，教育相談の橋渡しをしていくことも重要である。例えば，「連携推進地域連絡会」といった機会をつくり，各学校段階での相互の授業参観や教員の合同研修，幼児・児童・生徒の合同の活動などを通じて，教育相談といった観点から情報交換を行うことが考えられる

・教育相談を組織的に行うためには，校長のリーダーシップのもと，学校が

一体となって対応することができる校内体制を整備することが重要であり，コーディネーター役として，校内体制の連絡・調整に当たる教育相談担当教員の存在が必要である。新たにこうしたコーディネーターとなる者を置く場合には，例えば，養護教諭や特別支援教育コーディネーターがこれを兼ねたり，複数の者がこの役割を担うようにするなど，それぞれの学校の実情により柔軟な対応が考えられる

・スクールカウンセラーが導入されたことで，ややもすると教育相談に十分な知見のない教員が教育相談担当になるケースもあるが，校長は，教育相談が学校の基盤的な機能であることを十分認識して，教育相談担当教員を選任することが必要である。その際，カウンセリング等の研修や講習会を受けた経験を有する者のキャリアや専門知識を生かしていくことや，こうした役割を担う者を適切に評価していくことが大切である

・教育相談に関する校内体制（組織）は，教育相談部として独立して設けられるもの，生徒指導部や保健部などの中に教育相談係といった形で組み込まれるもの，関係する各部門の責任者で構成される委員会として設けられものなど，学校の実情に応じて様々であるが，生徒指導の機能と教育相談の機能に隙間が生じないよう，両者の機能が補い合って有機的に関連性を持つことができるような体制を検討する必要がある。また，教育相談体制に養護教諭を位置付けることが大切である

・年度始めに，教育相談に対する学校としての目標や方針を定め，教職員全員が教育相談の意味や重要性を共通理解する機会を設けるなど，教育相談に対する教職員全員の認識を高めることが大切である。さらに，教育相談週間を設けたり，学年の毎学期に児童生徒一人一人に対して学級担任による定期的な教育相談を行うなど，待つ姿勢の教育相談から積極的な教育相談に転換していくことが必要である

等の指摘がされています。こうした指摘にも配慮しながら，各学校の現状に応じた計画を立てていくことが重要となってきます。

　既に各都道府県教育委員会や各校で教育相談実施計画が策定され，一部はHP等にアップされています。各学校で，関係者間でしっかり話し合うとともに，近隣の学校等も参考にして，それぞれの学校の実情に合った計画を立てて

いくことが重要です。

【第14講の参考文献】

庄司一子（監修）　2015　『事例から学ぶ児童・生徒への指導と援助』　ナカニシヤ出版

柿沼昌芳・永野恒雄（編）　2012　『「生徒指導提要」一問一答』　同時代社

第15講 保護者，地域と「同盟を結ぶ」

1．はじめに

　モンスター・ペアレントやクレイマーという言葉を聞いたことがあるでしょう。モンスター・ペアレントは向山（2007）が作った言葉です。彼は，教育誌「教室ツーウェイ」の中で「不当，不可解な要求を，次々に担任，校長，学校につきつけている」保護者をこのように命名しています。

　永田（2009）は教師と保護者との関係の変化について考察しています。これによると，保護者からの厳しいクレームが目立ってきたのは1990年代からですが，一気に問題となったのは，2007年２月にNHKが放送した「クローズアップ現代：要求する親，問われる教師」で保護者の対応に疲れ果てた教師の事例が紹介されてからとのことです。

　このように，教師と保護者との関係が問題視されるようになったのは比較的最近のことといえるでしょう。教師の仕事として昔からあった保護者対応がなぜこのように問題になったのでしょうか。本講では，このようなモンスター・ペアレントやクレイマーの問題について考えるとともに，より良い保護者や地域との関係について考えていきます。

グループワーク

「みなさんもモンスター・ペアレントやクレイマーという言葉を聞いたことがあると思います。この言葉からどのような保護者を想像しますか？　また，実際に皆さんが見聞きしたエピソードにはどのようなものがあるでしょうか。グループで話し合って下さい」

2.「モンスター・ペアレント」「クレイマー」の実態

2007年にベネッセによって行われた大規模な調査では,教師の76.4%が保護者や地域住民への対応が増えたと感じています(とても感じる26.9%,まあ感じる49.5%)。全国公立小中学校事務職員研究会(2015)による調査では「保護者・地域からの要望・苦情等への対応」に対して,約71%の教師が負担である,またはやや負担であると回答しています。

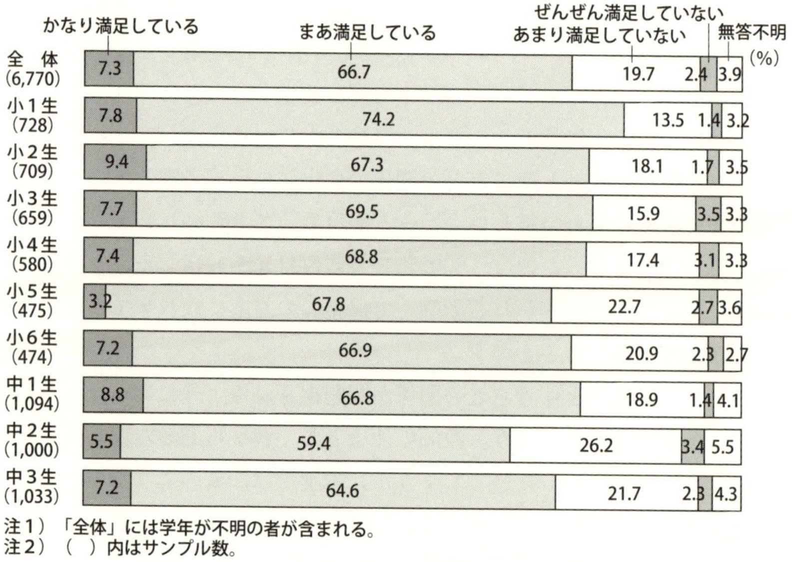

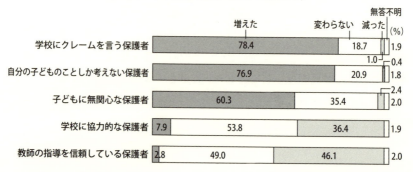

図15-1　学校の取り組みや指導に対する総合満足度
(ベネッセ,2002,2007,松田,2008より)

図15-2　保護者の様子の変化(ベネッセ,2002,2007,松田,2008より)

松田（2008）は，2007年のベネッセによる調査「学校の取り組みや指導に対する総合満足度」の調査結果と，文部科学省が2005年に発表した「義務教育に関する意識調査」を比較しています。これによると保護者の約３／４が学校の対応に対して「おおむね満足」と評価している一方で，「学校にクレームを言う保護者」が増加したと考える教員が78.4%，「自分の子どものことしか考えない保護者」が増加したと考える教員が76.9%，さらに「子どもに無関心な保護者」が増加したという回答が60.3%存在していることがわかります。ここからは，保護者は教師を概ね好意的に見ているにもかかわらず，かなりの教師が保護者を否定的に見ていることがうかがわれます。こうした認識のずれについて松田は，保護者よりも一段高いところに位置していた学校が保護者と対等の立場になった結果なのではないかと考察しています。つまり，対等になったことに教師側の意識が追いついていない可能性がうかがわれるのです。松田が論文に使用した学校に対する保護者の満足度調査は2012年にも行われており，その中では保護者の学校に対する満足度がさらに高くなっていることが確認できます。

尾木（2008）は，自身の講演参加者に対して，モンスター・ペアレントに関する調査をしています。参加者の多くは教師なのですが，アンケートには親の立場で回答した人もおり，調査ではその差を比較しています。「モンスター・ペアレントの原因」に関する項目では，「（教師と）親とのコミュニケーション不足」に関して「親」の63.4%が原因と指摘しているのに対して，「教師」は41.3%でした。一方，「親の権利意識が強い」は「親」が20.3%なのに対して，「教師」は倍以上の45.0%。さらに，「学校の権威の失墜」については，「親」が7.1%なのに対して「教師」は24.4%もが原因であると指摘しています。ここに見えてくるのは，親側の問題を指摘する一方で自身の問題としてとらえない教師の姿です。

木村（2008）は，やはりベネッセの2007年の調査を活用し，問題となる保護者が生まれる要因として，保護者自身の公的な場に私的な事情を持ち込むことを気にしない意識の変化，学校や教師の社会的な地位の低下に加え，学校や教員側が保護者の要請に応えていないという問題を挙げています。

図15－3を見ると，保護者の多くは子どもの様子や教育方針に関する学校側

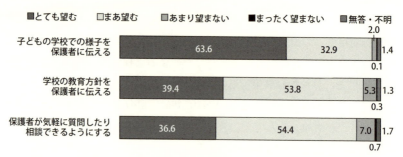

図15-3　保護者が子どもの通う学校に望むこと上位3つ（木村，2008）

からの情報提供を強く望み，気軽に相談できる環境を望んでいるようです。しかし，先に述べたように，直接子どもに関わることとは関係ないこれらの活動は，教師から大きな負担感を持ってとらえられてしまうようです。

　これらの結果からは，モンスター・ペアレントやクレイマーの問題は必ずしも保護者の変化だけではとらえられないことが分かります。保護者との関係作りに向けて，学校や教師自らが変化していく必要があるといえるでしょう。

　マスコミがよく取り上げるような常軌を逸したクレイマーも確かにいるでしょう。しかしこれはごくわずかであり，保護者が学校に対して要望を出すのは，彼らが学校の対応ややり方に対して納得できないことがあったためと考えることができます。学校に対する保護者のクレームや要求を，保護者自身のパーソナリティや生育歴，生き方の問題にしてしまうと関係を改善させることが難しくなってしまいます。

　そこで，ここからはモンスター・ペアレントやクレイマーの問題をコミュニケーションの視点から考えていきたいと思います。

3．ある事例から

　サトシくんは，友達や下級生に対する恐喝まがいの行為や授業の抜けだし，他校の問題のある生徒との交遊などで指導が困難な生徒です。担任はこれまで何度か母親に対し，学校に来てもらえないだろうかと連絡をしてきました。しかし，母親は，「うちのサトシが迷惑をかけて申し訳ございません」と話すばかりで，なかなか学校に来てくれませんでした。母親自身，サトシくんの状況

がよく分かっていないようだったのです。

　今回，たまたま仕事の時間が空いたということで，母親が学校に来て関係する教員と話し合いをすることになりました。担任としては，今回の母親の来校をきっかけに，お互いに協力関係を築きサトシくんに対応したいと考えています。

　ちなみにサトシくんの家族は，両親が離婚して母親が1人で彼と小学2年生の弟，保育園児の妹を育てています。（菅野，1997を改変）

グループワーク

「お母さんは来校に当たってどのような気持ちでしょうか？　考えてください」
「夕方，お母さんが来校しました。どのような言葉で面談を始めますか？　お
　互いに椅子に座って，担任のあなたがお母さんにはじめにかける言葉につい
　て考えてください」
「面談が終わった後，あなたは学年主任，生徒指導主任も交えて話しをしたい
　と思っています。このことをお母さんにはどのように伝えるつもりでしょうか」
「そのときの4人が座る配置をどのようにしますか」
以上4つのことについて，グループで話し合って下さい。

4．対人コミュニケーションについて

　対人的なコミュニケーションを考える際の重要な考え方のひとつに，「コミュニケーションには『情報』と『その情報に関する情報』が含まれる」というものがあります。この場合の「情報」とは「話されている言葉」であり，「その情報に関する情報」というのは「その言葉が話されている文脈」を意味します。「話されている言葉」の意味は「その言葉が話されている文脈」が変化すると大きく変わってしまいます。例えば「ばか」という言葉が，使われる時と場合によって相手を罵倒する言葉になったり，褒め言葉になったり，愛情を表す言葉になったりするのはよく経験することだと思います。

　これは教師と保護者のコミュニケーションにおいても同様です。つまり，教師との関係が悪い保護者にとっては，教師の言うことはすべて皮肉や攻撃の意

味合いでとらえられるかもしれません。「今日はよくいらっしゃいました」は，「これまで何度も連絡したのにこなかったねえ」に受け取られるかもしれないのです。逆に常日頃関係が良い場合，多少厳しいことを言っても，相手から受け止めてもらえます。

また，着席の際の位置関係などもすべて非言語的なメッセージとなります。たまたま座ってもらった位置が，相手にとっては「悪意を持って座らされた」ととらえられることもあるのです。

たとえばこのようなことでも問題が生じます。

事例：転校生の不登校

都会から田舎に引っ越してきた家族がいました。都会の商社マンだった父親が田舎暮らしを始めようと決心し，家族みんなで引っ越してきたのです。子どもは地元の小学校に転校したのですが，転校初日にハプニングが起きてしまいました。早く登校した子どもたちがこの子どもを見つけ，大騒ぎになってしまったのです。これにショックを受けた子どもは翌日から登校できなくなってしまいました。

学校は対応ミスを両親に謝りましたが納得してもらえませんでした。その後も校長と教頭，学年主任，担任は両親と何度か話し合いの機会を持ち，対応策について説明したのですが，両親は学校の対応が不誠実であると言い，どんどん溝は深まっていきました。

事態が泥沼になりつつあったとき，スクールカウンセラーはあることに気がつきました。話し合いの際の双方の服装がちぐはぐなのです。両親は2人ともダークスーツに身を包んで来校します。一方，対応する教員はいつもジャージ姿だったのです。これでは相手から失礼だと思われても仕方がありません。そこでスクールカウンセラーは，教員側全員がスーツ姿で話し合うように提案しました。担任によると，全員がスーツ姿の話し合いは思ったよりも和やか行われたとのこと。その後，双方の意見の一致が見られるようになり，お互いに協力する中で子どもの登校への働きかけが行われていくようになりました。

第15講　保護者，地域と「同盟を結ぶ」　　*159*

　この事例は，服装が非言語メッセージになっていたという例です。こうした小さなずれが相手とのコミュニケーションに大きな影響を及ぼすことがあるのです。相手とのコミュニケーションがうまくいっていないことに気がついた場合，相互でどのような関係にあるのか，それが何に起因しているのかを考え，修正を試みることが必要といえるでしょう。

グループワーク
「家族や友人と話していた，あなたの使った言葉が相手から全く違った意味に
　受け止められた体験について話してみましょう」

5．子どもを守るためには親はモンスターになる

　解決志向ブリーフセラピー（SFBT）では，クライエント（来談者）の「グッド・リーズン（good reason）」を重要視します。この言葉は，「正当性」や「もっともな理由」と訳すことができるでしょう。クライエントの訴えがどのように理不尽なものであっても，クライエントにはそのように訴える「もっともな理由」があり，セラピストはそれを尊重することが大事なのです。

　保護者がモンスター・ペアレントと言われるほど理不尽な要求を突きつけてきても，そこには必ず「もっともな理由」があるはずです。基本的に保護者であるかぎり子どもを守ったり，子どもの権利を考えたりしたときにモンスター・ペアレントになると考えられます。表現の違いはもちろんあるでしょうが，そうした親の行動の背景には子ども思いであるという気持ちを理解することができるでしょう。

　保護者のどのような点が子ども思いなのか，また教師側が保護者の子ども思いの点をどのようにとらえ，感じたのかをしっかりと保護者に対して伝えることが大事になります。そうすることでお互いの距離をほんの少しだけでも縮めることができるかもしれません。

　事例：不明熱を出す女子児童
　　朝登校すると決まって熱があると言って保健室に行く5年生の女子児童が

いました。もともと登校を渋る傾向があったのですが，母親が無理に学校に
行かせているうちに熱を出すようになりました。病院に行っても原因がはっ
きりしないというので，母親は登校させようとします。しかし，本人は教室
には入れずに数時間を保健室で寝て過ごし，その後帰宅することを繰り返し
ました。母親は，「体が悪いわけでないのだから学校で授業を受けさせてほ
しい」と学校に言いますが，学校側は母親の愛情不足が熱の原因と考えまし
た。これに母親は怒り，攻撃の矢面に立たされた担任はかなりつらい立場に
追い込まれてしまいました。また子どもも，「家に帰るとお母さんが怒るか
ら帰れない」というようになりました。

　抗議のために来校した母親に対して，担任は次のようにたずねました。
「お母さんは朝何キロも歩かせて○○さんを学校に行かせているんですよね。
でも，私は，保健室から教室までのたかだか数メートルを歩かせて教室まで
行かせられないのです。私にもお母さんの力があれば…，一体お母さんは何
をされてるのですか？」

　担任はこの言葉を，面談の前に行われたスクールカウンセラーとのコンサ
ルテーションの中でつぶやいていました。スクールカウンセラーは，このつ
ぶやきを実際に母親にぶつけてみることを提案し，担任は実行したのでした。
この後母親は，堰を切ったように娘の心配なところを話し出しました。この
面談をきっかけに母親と担任の関係は改善され，さらに本人専用の発熱時の
学校での過ごし方が決められ，それが母親の了解のもと実行されるようにな
りました。子どもが保健室に行くことは続きましたが，保健室で寝て過ごす
ほどではなくなっていきました。

　この事例では，学校が不明熱というある女児に起きた問題に対し対応できな
いまま，原因を母親や家庭の問題に帰属させていった経過を見ることができま
す。しかし担任は，この問題についてクレームをつけていた母親を問題解決の
専門家として扱いました。そうすることで，母親はこれまで抱えていた児童へ
の思いを話すことができ，これが担任との関係改善，さらには不明熱に対する
対応策を検討することにつながっていったと考えられます。

6. 保護者との話し方の工夫

保護者と話をする際には次のことを考える必要があります（嶋崎，2005を一部改変）。

(1) 社交をする

どんな保護者でも学校に呼び出された場合は防衛的になります。いきなり用件を伝えるのではなく，必ず世間話をするなど社交に時間をかけましょう。その上で，まずは保護者の話にしっかりと耳を傾けましょう。

(2) 子どもの良い面を伝える

子どもの悪い面だけを伝えた場合，保護者は何も言えなくなり，防衛的態度を強めることになるでしょう。だから子どもの良い面を伝えることが大切です。しかし，子どもの良い点を伝えた後で，「でも」や「しかし」などの否定の接続詞で会話を続けた場合，内容はすべて問題の話になってしまいます。良い点を伝えた後はできるだけ否定の接続詞を使わない会話を心がけましょう。

(3) 「私」を主語に話す

相手に何かをお願いする場合には，必ず「私は，○○をしていただけるとありがたいのです」と「私」を主語にした伝え方（アイ・メッセージ）をするようにしましょう。

(4) 具体的に「何かをする」という助言をする

助言が抽象的なものでは相手は何をしてよいのか分からなくなります。また，何かをやめるという助言も具体的ではなくなる可能性があります。具体的に「何かをする」という助言をする必要があります。

(5) 子どもの問題行動などを家の問題や過去の子育ての話に原因づけない

このような会話になってしまうと相手の現在の問題を解決しようとする意欲が薄れてしまいます。今できることを中心に考えましょう。

7. いわゆる「モンスター・ペアレント」に対する対応

保護者との関係作りにいくら努力を重ねても，学校に不当な要求を突きつけてくる保護者はいます。この場合には教師自身や学校を守るために毅然とした

対応を取ることが必要となります。ここでは詳述しませんが，嶋﨑（2005）が述べる対応方法や，東京都教育委員会（2009）作成の対応の手引き等が参考になります。

8．おわりに

開かれた学校作りのために，家庭や地域社会との連携・協力に積極的であることが学校や教師には求められています。しかし，こうした連携・協力は，地域に対して学校開放を行えばよいなどという簡単なものではありません。むしろ日常的な保護者対応や地域対応に最善を尽くすことによって成し遂げられていくものといえるでしょう。

保護者や地域対応も，生徒対応に次いで重要な校務分掌なのだということを考える必要があるのかもしれません。

【第15講の参考文献】
嶋﨑政男　2005　「"困った親"への対応─こんなとき，どうする？」　ほんの森出版
菅野純　1995　「教師のためのカウンセリングゼミナール」　実務教育出版
東京都教育委員会　2009　「学校問題解決のための手引」
小野田正利（編著）　2009　「イチャモンどんとこい！　─保護者といい関係をつくるためのワークショップ」　学事出版
小野田正利　2015　「それでも親はモンスターじゃない！　─保護者との向き合い方は新たなステージへ」　学事出版

【参考】

期末（確認）テスト・レポートの例

1　教育相談とは（1）どういう児童・生徒を相手に，（2）どういう技法で，（3）どういう問題を解決する相談をいいますか？

2　児童・生徒の教育（相談）上の問題あるいは問題のリスクを把握するために，教員はどんなことをすることができますか。

3　児童・生徒の教育（相談）上の問題を解決するために，教員はどんなことができますか。

4　問題解決のためには，児童・生徒自身が持つ資源，教員のアドバイスや支援のほか，どんな資源が活用できますか？

5　教員が児童・生徒あるいは保護者，地域と信頼関係を築くためには，どういった方法・態度・姿勢を取ることができますか。

6 児童・生徒の自己理解を進めるためには，どういう方法がありますか。

7 児童・生徒が自らの自己理解を踏まえて進路を決定するために，教員はどんな支援ができますか。他に児童・生徒が利用できる資源には何がありますか。

8 あなたが好きな教科や役割はどんなものですか。それを未来につなげるとしたら，どういう未来が考えられますか。その未来をつくるためには，今後どんなことをすることができますか。

9 「自信がない」といって行動できない児童・生徒に対して，あなたは何をしてあげることができますか。

10 あなたがこの教育相談で学んだことを踏まえて，児童・生徒にはどう接したいですか。何を伝えたいですか。児童・生徒への教育相談で大切にしたいことを要約してください。

【さらに学ぶための参考文献】

　世の中には各種のカウンセリング書籍，教育相談の書籍がありますが，ワークやロールプレイで自律的（アクティブ）に学べる教材として，以下の書籍もご紹介しておきたいと思います。実地でのカウンセリング研修・実習などと合わせて，参考にしてください。
※ただしカウンセラー（臨床心理士）や福祉職員の介入と，教員の介入とでは，目的も趣旨も異なると考えています。カウンセラーや福祉職員，教員との立場に違いについても十分に注意しながら，読み進めていただくことをお薦めしたいと思います。

福山清蔵　2011　『対人援助のためのグループワーク』　誠信書房
狐塚貴博・若島孔文（編）　2016　『解決の物語から学ぶブリーフセラピーのエッセンス』　遠見書房
向後礼子・山本智子（編）　2014　『ロールプレイで学ぶ教育相談ワークブック』ミネルヴァ書房
村中李衣（編）　2015　『感じあう伝えあうワークで学ぶ児童文化』　金子書房
西見奈子（編）　2010　『子どもとかかわる人のためのカウンセリング入門』　萌文書林
小野田正利・藤川信夫・大前玲子（編）　2015　『体験型ワークで学ぶ教育相談』　大阪大学出版会
吉田圭吾　2007　『教師のための教育相談の技術』　金子書房
ピーター・ディヤング　インスー・キムバーグ　2016　『解決のための面接技法　第4版』　金剛出版

おわりに

　卒業して上級学校に行く，あるいは就職することで，児童・生徒の教育（学び）が終わるわけではありません。教員の教育責任は，確かに現在の学校を卒業するところで終わるかもしれませんが，児童・生徒たちは「それまで学んだこと／経験したこと」を踏まえて上級学校あるいは就職先で生活をしていくことになります。「それまでをいかに学ぶか／経験するか」そして「それまで学んだこと／経験したことを今後いかに活用できるか」が重要になってきます。学びや経験は一生涯続きます。「いま楽をすると，将来苦労する」「今の苦労が将来の夢や希望につながる」，そういう姿勢や態度を養うことも，未来が見えにくい時代だからこそ，いまの学校教育で教えていく必要があります。

　本書では，個別の問題解決については解決志向アプローチを中心にご説明していますが，もちろん解決志向アプローチも万能ではなく，従来のような支持的な技法・集団的な技法と併用していく必要があります。解決志向アプローチを過信して学級担任（ホームルーム担任）が困難な問題を1人で解決しようとすれば，問題がより大きくなることも考えられます。学級担任（ホームルーム担任）の主な支援策として解決志向アプローチを援用しつつ，合わせて構成的グループエンカウンターやソーシャルスキルトレーニング，アサーショントレーニング，さらにはこれまでのように管理職や同僚，スクールカウンセラー，保護者や地域と連携して「チーム学校」として問題解決を行っていく体制の整備と事前の計画が必要です。1人1人の教職員・関係者がお互いに声を掛け合う姿勢が必要です。

　教員個人の教育相談能力の向上と合わせ，チーム学校の「チーム力」，保護者や地域との連携力も必要となってきます。日頃から，児童・生徒との連携，教員同士の連携，保護者や地域との連携を意識していくことが重要です。自らの生活や家族との関係を大切にすることも重要です。学校内外における人間関係形成力を養っておくことが，ひいてはストレス耐性（レジリエンス）を上げ，バーンアウトを防ぐ予防薬にもなり，教師という仕事のやりがいを強化するこ

とにもつながります。結果として，児童生徒や保護者との関係も良好に維持することができると思っています。

　皆さん自身の「教育」というお仕事に，やりがいと生きがいが感じられるような教育相談になりますことをお祈りしております。

秋田県立大学　渡部　昌平

執筆者紹介（執筆分担）

渡部　昌平（わたなべ・しょうへい）
はじめに，第1講，第2講，第4講，第6講，
第7講，第11～14講，おわりに

秋田県立大学総合科学教育研究センター准教授。国際基督教大学教養学部教育学科卒業（心理学専攻），明星大学大学院人文学研究科心理学専修課程修了。修士（心理学）。1996年労働省（当時）入省，札幌公共職業安定所，職業安定局業務調整課，民間需給調整事業室，飯田橋公共職業安定所，職業能力開発局キャリア形成支援室，沖縄労働局等を経て2011年から現職。専門はナラティブ・キャリア・カウンセリング，キャリア教育，教育相談，アクティブ・ラーニングほか。主な編著書に『グループ・キャリア・カウンセリング』（金子書房），『実践家のためのナラティブ／社会構成主義キャリア・カウンセリング』（福村出版），『はじめてのナラティブ／社会構成主義キャリア・カウンセリング』（川島書店），『社会構成主義キャリア・カウンセリングの理論と実践』（福村出版）ほか。

柴田　健（しばた・けん）
第8講，第9講，第15講

秋田大学教育文化学部地域文化学科教授。同志社大学大学院文学研究科心理学専攻博士課程前期修了（文学修士）。東京少年鑑別所法務技官，秋田県中央児童相談所心理判定員，などを経て，2003年に弘前大学教育学部助教授，2008年から現職。この間，20年ほど秋田県内の中学校でスクールカウンセラーとして勤務する。専門は臨床心理学，ブリーフセラピー。著書に，「児童虐待へのブリーフセラピー」（金剛出版），「軽度発達障害のブリーフセラピー ―効果的な特別支援教育の構築のために」（金剛出版），「不登校・引きこもりに効くブリーフセラピー」（日本評論社），いずれも共著。

田澤　実（たざわ・みのる）
第3講，第5講，第10講

法政大学キャリアデザイン学部准教授。中央大学大学院文学研究科心理学専攻博士後期課程単位取得退学。博士（心理学）。2007年4月より法政大学キャリアデザイン学部助教，2012年同大学同学部専任講師を経て現職。著書に『大学生の学びとキャリア』（共著，法政大学出版局），『社会性発達支援のユニバーサルデザイン』（分担執筆，金子書房）など。

実践「教育相談」
～個人と集団を伸ばす「最強のクラス作り」

2018 年 4 月 20 日　第 1 刷発行

編著者　渡　部　昌　平
発行者　中　村　裕　二
発行所　㈲ 川　島　書　店

〒 165-0026
東京都中野区新井 2-16-7
電話 03-3388-5065
（営業・編集）電話 048-286-9001
FAX 048-287-6070

© 2018
Printed in Japan　DTP・風草工房／印刷 製本・モリモト印刷株式会社

落丁・乱丁本はお取替いたします　　　　　振替・00170-5-34102

＊定価はカバーに表示してあります
ISBN978-4-7610-0926-7 C3011

はじめての ナラティブ/社会構成主義キャリア・カウンセリング

渡部昌平 著

本カウンセリングは，これまでの過去・現在に対する意味づけから未来を想像するというスタイルを脱構築し，クライエントのナラティブを引き出して，望ましい未来から現在・過去を再構築する，未来志向の新しいカウンセリング論。　★A5・116頁 本体1,600円

ISBN 978-4-7610-0910-6

メールカウンセリングの技法と実際

中村洸太 編著

オンラインカウンセリングの今を，11の章＋8つのコラムで学ぶ。技法だけではなく，インターネットという世界に人々の心がどのように投影されているのかを想像しながら読み進めることで，オンラインカウンセリングの現代の到達点を確認し今後を展望する。　★A5・228頁 本体2,400円

ISBN 978-4-7610-0915-1

マクロ・カウンセリング実践シリーズ4

つなぎ育てるカウンセリング

井上孝代 編著

学校場面での発達援助に焦点をあて，学校カウンセリングの進め方に迫る。「つなぐ」カウンセリングを紹介し，留学生援助や多文化間エンカウンターグループ，医療との連携の問題，米国で大きな流れになるであろう MEASURE 法について開発者自らが解説する。　★A5・224頁 本体2,400円

ISBN 978-4-7610-0840-6

マクロ・カウンセリング実践シリーズ5

エンパワーメントのカウンセリング

井上孝代 編著

エンパワーメントのためのカウンセリングに焦点をあて，マクロ・カウンセリングの観点から，新しいカウンセリングの進め方を展望する。社会的に弱い立場の人々のためのカウンセリングを考えるための必読書。共生的社会支援の基礎。　★A5・278頁 本体2,900円

ISBN 978-4-7610-0848-2

ピア・サポート実践マニュアル

トレバー・コール　バーンズ亀山静子・矢部文 訳

本書は，ピア・サポート活動を創始し，長年に亘って実践をかさね，大きな成果をあげてきた，カナダの T・コール博士が，その考え方とスキルの実際について簡潔にまとめた，待望のマニュアル Kids Helping Kids の日本語版である。（解説・森川澄男）　★B5・224頁 本体2,500円

ISBN 978-4-7610-0733-1

川 島 書 店

http://kawashima-pb.kazekusa.co.jp/　（価格は税別 2017年12月現在）